dard

切
アユ釣り入門

BOOK
9

清流の女王に出会う夏、アユ釣りは我を忘れて
熱中する大人の川遊びだ。面倒な仕掛け作りは
一切不要、誰もがすぐに始められるノウハウを
凝縮した、今までにない超バイブル誕生

鈴木康友

つり人社

目次

1章　アユ釣りが早分かりできる15のQuestion

2章 必須の準備 釣り具からウエア、小物類まで

3章
実釣編　泳がせ釣りで野アユを掛ける

4章
続・実釣編　川とアユを理解する

5章　初心者トラブルバスター集

6章　役に立つ知識編

協力　㈱シマノ、グローブライド㈱、㈱がまかつ、大橋漁具㈱
構成　鎌田一義
BOOKデザイン　佐藤安弘（イグアナ・グラフィックデザイン）
イラスト　廣田雅之

1章

アユ釣りが早分かりできる15のQuestion

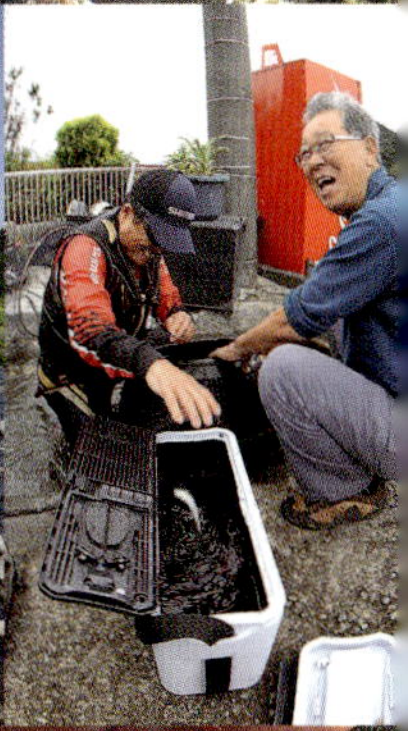

現代のアユ釣りは高度に発達して、経験者にとってはたまらない面白さにつながっている。一方で入門者には、ほかの釣りの経験者でさえ未知の領域かもしれない。そこでまず、アユ釣りに抱きがちな漠然としたイメージや疑問をQ&A方式で解きほぐしていこう。

はじめに

「楽しい」アユ釣りの世界はこの本から始まります

入門書なのに仕掛け作りの頁がない?!

アユ釣りが誰でも気軽に始められる時代になりました。これまで初心者の前に難関として立ちはだかっていた仕掛け作りが、高精度な市販仕掛け＝「完全仕掛け」の進歩によって解決したことが一番の理由です。

本書ではこの現況を踏まえて、これまでの入門書に必ず掲載されていた仕掛け作りの頁がありません。

まずはアユを釣る楽しさに触れましょう。本書では「市販品のノーマル仕掛けを使って、〝泳がせ釣り〟で最初の1尾を体験する」「数釣りを楽しみながら少しずつ腕を磨き、次の段階へ」というスタイルを推奨しています。「背バリ」や「オモリ」の使い方も割愛しました。水中イトも、ナイロン、フロロカーボン、単線メタルラインは省き、丈夫でトラブルの少ない複合メタルの完全仕掛けだけを使ってシンプルにアユ釣りの解説をしています。

40数年のアユ釣り経験のなかで、私は初心者の作った仕掛けできれいに完成しているものを見たことがありません。ハリの結びにしても同様です。これでは最初の1尾を掛けるまでが長い道のりになってしまいます。

初心者だからこそ、仕掛け作りで苦労をするよりも早く「楽しいアユ釣り」を経験してほしいのです。そして「オトリアユを泳がせて野アユを掛ける」友釣りがどういうものかを理解してもらうために、私は「泳がせ釣り」からデビューすべきだと確信します。

現在は「引き釣り」から入門する人が多いのも事実ですが、後に泳がせ釣りができなくて苦戦する人を多く見かけます。泳がせ釣りにはアユ釣りの基本のエッセンスが詰まっていることが理由なのだと思います。

誤解を恐れずいわせていただければ、「完全仕掛けによる、泳がせ釣りでデビュー」は私の「決めつけ」です。ただ、それだけ自信を持って推奨でき、初心者が釣果と出会う方法として最も近道であると考えるからなのです。

そして釣行を重ねる度に、どんどんアユ釣りの奥深さを感じていくことでしょう。将来的には、ハイレベルの釣技と入れ掛かりの明るい友釣りワールドがあなたを待っています。お楽しみはここからなのです。

ビギナーが1シーズン100尾を釣るには

「初心者が年間100尾も釣れる?」私は可能だと思っています。釣行に恵まれた環境にあって、ひと月で3〜4回サオがだせたとすれば3ヵ月で約10日間。1回につき10尾も掛けたら100尾で合計釣果達成です。

こんなふうに考えると200〜300尾さえイケそうな気がしてきます。

しかし現実は厳しく、平均10尾は簡単ではありません。私も雑誌の取材をしながらとはいえ、年間平均400尾、一番釣ったときで500尾くらいでした。

好釣果を目差すにはよき指導者と出会うことです。日本友釣同好会の大先輩で、同会の全盛期に連続優勝を続けた伝説的な名手がいました。杉本隆一さんという方で、「杉本さんの弟子になると皆上手になる」ということでも評判でした。

杉本さんは自分で掛けた元気な野アユを次々と弟子にあげるので、初心者でも釣果が自然に伸びます。短期間に経験値を上げることで上達に導いていったのです。

アユ釣りは野アユを掛けた数の経験で腕が磨かれていくものです。すなわち、独学との差は歴然となります。入れ掛かりを期待できるけれど混雑する解禁日もベテランと行動をともにすれば、単独釣行よりもずっと気軽に楽しめます。

DVDが名手の代わりに

もしも身近に名手がいない方には、巻末のDVD付録映像が役に立つはずです。目の前に初心者がいるつもりで、私がオトリの選び方から1尾を掛けるまで、1つ1つ手順を分かりやすく解説するように努めました。

惜しまれるのは、撮影日程がベストシーズンから外れてしまい、もっとカッコいい入れ掛かりシーンをご披露したかったのにできなかったことです（笑）。

なお、本書の構成と写真を担当された鎌田一義さんはアユ釣りを今まで一度もしたことがありません。そこで、彼の質問に答えるかたちで本書をまとめてみました。本書に記したことがすべてできたら、初心者脱出、大いにアユ釣りを楽しめるはずです。

Q1 アユ釣り（友釣り）ってどんな釣り？

生きた魚を使い、リズムよく野アユをオトリに替えていく

　魚釣りといえば、ハリにエサを付けて魚が食べたときに合わせ、引きを楽しみながら取り込むまでをイメージすることでしょう。アユ釣りにおいても、エサを食わせる釣り方や「ドブ釣り」もありますが、アユ独特で面白い釣りといえば「友釣り」です。

　この釣りでは生きた魚を使いますが、それはエサではありません。アユでアユを釣る、対象魚と同じ魚種を用いることに意味があります。詳しくは生態を解説する項で取り上げますが、端的にいえば「アユの食性に関わる、ナワバリ意識を活かした釣り」で、アユがアユを追う行為を利用しているのです。

　釣りに使うアユを「オトリアユ（オトリとも略する）」といいます。〝親〟とか〝友〟と呼ぶ地域もあります。他の釣りで「エサの活きが悪い」といいますが、オトリアユも活きが大事です。名手は釣果を得るために「どれだけオトリアユの尻尾を振らせるか」を考えていますし、元気に泳がないオトリアユは、対象魚である野アユにも刺激を与えないので追われません。つまり弱ったオトリアユでは、釣果が落ちるのです。

　そのため同じオトリアユを使い続けるよりも、なるべく早く活きのいい野アユへオトリ交換することが肝要です。元気な野アユへ交換すれば、さらに釣果はあがります。そして、新しいオトリで釣れた次の野アユをまたオトリにする……。これを繰り返して釣果を伸ばすため、アユ釣りは「循環の釣り」だと言い表わします。

　よいリズムで釣れ続ければいいのですが、よくも悪くも〝循環〟という言葉の意味は深く、何らかの理由や対応がまずいと回転が悪くなって〝悪循環〟に陥る場合もあります。

　そのため釣り人は常に効率を考え、洞察力を働かせ、集中力を高めてならわなければなりません。これがアユ釣りの面白味となり、釣りの腕前が明確になることからゲーム性にも富み、数多くのビッグイベントも開催されています。

　市販の仕掛けも精度が高く、アユ釣りを気軽に始められる時代になりました。人より多く釣りたいという思いに目覚め、釣技研鑽の末、将来的に競技へ参加したいとステップアップできることも、アユ釣りの楽しみ方といえるでしょう。

アユのナワバリ意識を利用して、掛けた野アユが次の1尾につながる「循環の釣り」です

名手は釣果を得るために「どれだけオトリアユの尻尾を振らせるか」を考えている

友釣りは「アユの食性に関わる、ナワバリ意識を活かした釣り」。アユがアユを追う習性を利用して生きた魚を使い、リズムよく野アユをオトリに替えながら、数と型をねらう

Q2 どこへ行けばアユが釣れますか

石にアカがよく付き、河口堰やダムがない河川

読者諸兄の近隣河川でアユが泳いでいるならば、そこが釣り場になるのですが、そうした環境にない方へお応えする形で解説します。

私自身、東京の下町生まれですから、江戸川や墨田川など近所の河川ではアユをねらうことができません。ではなぜ、その川にアユがいないのか？　そしてアユのいる川というのはどんな場所なのかを考えてみましょう。

アユがいるための最も重要な条件は、「石にアカが付く川」であるということです。アカとはアユの主食となる「藻類」のことで藍藻、珪藻などを差します。

こうした藻類は水さえあれば極地〜熱帯まで繁殖するのですが、光合成をするので「日に当たる石が水中にある」という条件を要します。それは川の透明度の高さを意味しますが、水清ければ魚棲まず、のことわざでたとえられるように、少し富栄養化した水質のほうがアユの型を向上させます。

食べることは「食《は》む」ともいい、アユ釣りで野アユが藻類を食べることを「アカを食む」と表現します。「草を食む牛の群れ」という言葉のように、またここまでの説明から、アユは草食性の魚だと思われるでしょう。しかし一方で、稚魚の頃はプランクトンや、川に遡上した後も水生昆虫などの動物性のエサを食べていたりします。毛バリを使うドブ釣りは、この生態を利用したものです。

もうひとつの条件は「河口堰、ダムがない河川」であることです。アユは秋に下流域で産卵して、仔稚魚は海水域で過ごした後、春になると河川に遡上します。このときダムや河口堰のある河川だと遡ることができません。私は、こうした人工物をアユ止めと捉えていますし、天然遡上が困難な水域でのアユ釣りは釣趣と魅力が半減します。

アユは母川回帰（マス類が繁殖のために産まれた川に戻ってくる行動）ではありませんから、上れない川を潔く見限って別の河川へ移ります。そのため人の手によって遡上が阻まれている河川からはアユが消え、上ることができるのならばアユが戻ってきます。もちろん漁協、関係団体等による放流事業も成果を上げていますが、天然遡上のアユが釣れることは最優先したい条件なのです。

石にアカが付いていて天然遡上が可能な川にアユはいます

海から稚アユが遡上できる環境さえあれば、本来どこでもアユ釣りを楽しむことができる。それはダムなどの建造物がなく、子どもたちが夏に水遊びできる水辺環境でもある

アカが付くためには「日に当たる石が水中にある」ことが条件

情報を活用する。交友が広がれば楽しみ倍増

こうしたアユの釣れる河川、釣り場は釣り専門誌（紙）、スポーツ新聞の釣果欄、インターネットによる検索などで情報を知ることができます。釣果、釣況も収集可能です。釣り具店、オトリ店、釣りに関わる業者も有効な情報源です。

できれば直接、サオをだした釣り人から情報が得られると一番よいのですが、それは今後、釣行を重ねることで出会うと期待しましょう。実際に、同好の士の存在は、さまざまな面でメディアに勝るとも劣らないほど頼りになるものです。

ここまでをまとめると、石にアカが付いて、天然遡上が可能な河川ならばアユはいる、ということになります。つまり、アユにとって本来あるべき自然環境さえ整えば、どこでもアユを釣ることができるのです。

Q3 友釣り以外ではアユは釣れないのですか

友釣り以外の釣り

　アユの生涯を考えてみましょう。最初は海から始まります。アユは最初からコケを食むわけではなく、仔稚魚はシオミズツボワムシなどプランクトンを摂餌します。

　この時期、アユが遡上する河川に近い港内や河口でシラスやアミコマセを使い、サビキやトリック仕掛けで釣る人がいます。4月に小田原の早川港などで5㎝ほどのアユが鈴なりに釣れている光景は、春の風物詩です。私は「今年は釣り人が多いから天然遡上が多いかもしれない」と〝当たり年〟の目安にしています。

　同じように食わせる釣りとして「アユの毛バリ釣り」があります。一般には「ドブ釣り」と呼称し、多くの愛好者がいます。ただ、専門に楽しめる釣り場は少なくなってきている傾向にあります。特に国土交通省の旧・建設省時代における河川工事は、淀みなく1秒でも早く水を流すことが最良とでもいうように、多くの川を平らでザラザラな流れ、水路のような川相にしてしまいました。

　ドブ釣りのポイントは、流れが緩やかで水深の充分な深いトロ場です。このような環境は藻類こそ乏しいですが、川虫を育むのでアユは主食を変更しても豊富なエサに順応します。だから川虫を模した毛バリに反応するのです。

　かつて神奈川県の相模川や酒匂川などはドブ釣りの名所でした。

　ここまでの話で「毛バリで釣れるのは稚アユ」「動物性のエサを就餌するのはアユが小さいときだけ」と思われる方もいるでしょうが、そうではありません。たとえば台風や集中豪雨で主食のコケ・藻類が流されたとします。こういうアカがない真っ白な状況を「白《しら》っ川」と呼びます。こうなるとアユも仕方ないので川虫を食べますし、それこそ意外な深場で大型が釣れます。

　「掛ける釣り」でもオトリを使わないコロガシ釣りというのもあります。かつては全国で盛んに行なわれていましたが、近年は友釣り専用河川や区域が増え、シーズンを通して行なえる河川はかなり少なくなっています。

　コロガシ釣りは、オトリ店がなかった時代にはオトリ確保のために行なう釣法でもありました。現在は晩秋のサビが入って追わなくなった落ちアユに対して用いる釣り方でもあります。

「食わせる」釣りもあります

水深があり流速の緩やかなトロ場（左）と、大小の石で水面が波立つ瀬（下）の流れ。環境の違いがアユの食性に影響を与えることもある

江戸時代、表舞台と舞台裏

毛バリを巻く加賀藩の下級武士にとって、そのハリが釣れるとなれば人気も高まり、副職の収入源として大きな魅力があったようです。

ちなみに日本三名園のひとつ兼六園は単なる庭園ではなく、幕府の目を気にしながらも築城技術を継承するため、人生50年時代ということもあり、働き盛りの職人たちの腕が落ちないように造園されたと推察されます。

地域性による毛バリ釣法

ドブ釣りで使う「加賀毛鉤」の逸話を例として挙げます。江戸時代、加賀前田藩は「加賀百万石」と称されましたが、外様大名には江戸幕府が常に目を光らせていました。謀反の嫌疑をかけられる恐れもあり、武芸の鍛錬ができず、苦肉の策として前田藩はアユ釣りで足腰と精神（集中力）を養うべく推奨したのです。こうした策は、山形県の庄内藩における磯釣りと同様です。そもそも加賀で友釣りではなく、毛バリの釣りが効果的だったのは、地域性に関わるものでした。北陸大学の教授によれば、同地域は山と海の間が狭く、川の傾斜がきつい。さらに日照時間が日本一短いことで藻類の生育に適していないそうです。だから同地のアユは動物食性が強まったのでしょう。このようにアユの食性は、成長段階における環境で変わるのです。

Q4 暑い真夏にわざわざ釣りをするのはなぜ？

アユ釣りのシーズンを米作りで考える

個人的に「アユの釣期は長い」と思っていますが、ここでは分かりやすく冬を除いて、米づくりの周期と照らし合わせて考えたいと思います。

●春　5〜6月
米＝田植え
アユ＝解禁。遡上

●夏　7〜8月
米＝青田から出穂へ
アユ＝アカを食む。大きく成長する

●秋　9月末にシーズン終了
米＝稲刈り
アユ＝産卵、落ちアユ

食用米は田植えから収穫まで、春〜秋にかけて行なわれます。これを「春に遡上して夏に成熟、秋に産卵する」アユへ照らし合わせると共通したものを感じていただけると思います。

食用米は水田に数ヵ月しか植えられていません。そしてまた、アユも河川には約半年しかいないのです。水田の稲は植えられた直後は泥が見えるほど空いています。しかし夏へ向かう間に繁茂してうっそうとした青田になりますね。アユもまた「春に上がり、夏に食って、秋に落ちる」という流れですから、食欲の夏に急成長していることになります。

急成長を支えるその食欲は、他魚種では考えられないくらい無警戒に旺盛なもので、寝る間も惜しんで夜もアユは食んでいます。

内水面（河川や湖沼など）の釣りは日の出から日没まで楽しめますが、〝夏のアユ釣り〟は長い日照時間のおかげで好きなだけサオがだせます。アユも食欲旺盛、型も揃ってきますから、夏は、もっとも釣果がよくなる条件が揃っているといえます。そのため香りのよい食味だけではなく、釣りとしても盛期になるわけです。

そんな夏が過ぎ、秋も深まると場所によっては性成熟して「サビ」と呼ばれる橙と黒の変色が起こります。人によっては婚姻色が表われたウグイのようだという人もいます。この時期は産卵のため下流域へ降りるので「落ちアユ」と呼びます。個人的に、落ちアユのサビは、死に近づいた悲哀の色が浮かび上がっていると思っています。こうした魚は、もうオトリを追いません。

春には幼く、秋では遅い。つまり夏は友釣りを楽しむには最良な季節であるといえるのです。

夏はもっとも釣果がよくなる条件が揃う季節です

シーズン最盛期の夏はアユの成長と重なる

アユが育ち盛りの頃、田んぼの稲も実り出す

夏を過ぎると、落ちアユへ

夏の旬を過ぎると、アユは追いが落ちます。このとき、コロガシ釣りで釣る人もいます。私はこの釣りをしませんし、河川によっては禁止漁法にもなっています。理由はさまざまですが、釣法から根掛かりが避けられず、ハリを含めて太い丈夫な仕掛けが水中へ残されていることは大変危険で、立ち込んだ釣り人がケガをしてしまう懸念があります。もちろん小さなオモリで静かに着水させ、根掛かりをさせない名手もいますから一概にはいえません。

こうして晩秋に産卵を終えたアユは生涯を終え、1年の寿命から「年魚」と呼ばれるのですが、ごく希に年を越す魚が現われます。これを「トオス」と呼びます。越年アユ、トオスがいるのは、生息流域に越冬できる環境がある証です。春に大型が交じったら、それは越年アユかもしれませんよ。

Q5 アユの「ナワバリ」って何？

アユはケンカっ早い!?

アユの「ナワバリ」意識が目覚めるのは、アカと呼ばれるコケを食むようになってからです。仔稚魚の頃、海水域でシオミズツボワムシなどの動物性プランクトンを就餌していたアユは、河川へ遡上しながら次第にコケを食む食性へと成育していきます。やがて、下流側からコケの付きがよい石が、遡上してきたアユのエサ場として占有されていきます。

この石がアユの居場所になるのですが、年魚と呼ばれる寿命から考えて、その数ヵ月間はアユの全盛期となる大切な期間。擬人的にいえば一生を過ごすマイホームを手に入れる感覚でしょうか。

それだけ大事な場所を、後から遡上してきたアユに取られるわけにはいきません。先住アユは石を死守するために激しく攻撃します。これが私たちにはナワバリに見えるわけです。

勝者は石を手に入れナワバリに残ります。敗者はさらに遡上して次の石へと挑みます。そこに先住アユがいればふたたび戦い、敗者は次の石へ……これを繰り返して、かなり上流までアユが行き渡るわけです。つまり天然遡上の魚影が多ければ、それだけ流程の隅々までアユで満たされることになります。

ということは、下流域ほど防衛する回数が多く強い魚（元気な魚）がいるように感じますが、コケの繁茂を考えると、誰よりも先に上がったアユのほうが条件のよいフレッシュな物件？と出会うことができ、食味もよいコンディションになっているはずです。実際のところ、水中世界は私たちの目に見えないさまざまな条件の兼ね合い、自然界の摂理に従い、実に絶妙なバランスが取れているので、上下流を問わずコケが付着してアユがいれば釣り場に成り得ると考えていいでしょう（食べて美味しいかは別ですヨ）。

特定の石に居着き、戦いと摂餌の日々を過ごすアユですが、釣り人に釣られてしまうとその石は主を失い〝空き家〟になります。しかし少し前までアユが居着いていた石ですから、物件的には魅力のある石です。追い払うアユがいない以上、瞬間的に次のアユが入ります。そのアユが釣られたらまた次のアユが付きます。よい石にはアユが入れ替わり立ち替わり入居してくる

ナワバリ=アユのマイホーム

よい場所には次々と「ナワバリ」荒らしがやってくる

主に右側の黒い部分がアユのハミ跡。“優良物件”はコケがほぼ食べつくされて石がピカピカになっている

ということです。このことから「アユは石を釣る」という言葉があります。

オトリの大きさ

アユは短い寿命の割に成長が早く、体づくりのために大量のコケを食み続けなくてはいけないので、生涯、過酷な生存競争にさらされています。

そのため自分より劣る小さく弱いものをねらってイジメる姑息さはなく、相手を選ばずエサ場を守るため勇猛果敢な性格をしています。ただし、オトリの型は野アユへ与える効果の違いに表われます。

●大きなオトリ

尾の振幅は大きく振り数が少ない。

●小さなオトリ

尾の振幅が細かく振り数は多い。

つまりオトリは型ではなく「元気さ」が重要であり、追われやすさは野アユを刺激する尻尾の振り方に関わってくるのです。

Q6 いっそのことリールザオではダメですか

カーボンザオ9mが基本

かつて日本では、長さや質量を尺貫法による単位で表わしていました。当時のアユザオは4間や4間1尺。これを現在のメートル法で換算すると、1間＝6尺＝約1・82mですから、7・28mと7・583m。場合によっては1本抜いて3間半で使っていたので最短では6・37mだったことになります。

今となっては「ずいぶん短いサオで釣っていたんだな」と感じるかもしれませんが、これは天然素材である竹を使っていたという物理的な理由によるものでした。長さに比例して増す重量が負担になっていたのです。

その後、工業技術の進歩によって釣りザオはグラス素材を経て、カーボン素材へと変遷します。カーボン素材を用いることで、それまでの次元を超えて細く、軽く、パワーのあるサオ作りが実現します。特に長ザオに求められる「細・軽・張」を高次元で製品化することが可能となり、当初は11、13、15mといった夢の長ザオもできると大いに期待されました。

一時期は、そんな超長ザオも使われましたが……机上の空論とでもいいますか、具現化できるというだけで、ここまで長いと操作性に劣り、風が吹くと役割をまるで果たさない状態に陥る場合もあることが分かりました。

このカーボンロッドによってアユザオは9m基準となります。前述した使い勝手だけではなく、野アユは警戒心が強いとされ、釣り人の気配を嫌うという考えから、アユとの距離を得るために求められた長さといえるでしょう。

そんなアユ釣りに、いっそのことガイド付きのサオとリールを使えないかと思うのは、ある意味で合理的な考えでもあります。河川によっては禁止されている場所もあるので、誰にでも勧められませんが、釣法が存在するということは、他の釣りにはない利点があるということでもあります。

とにかくリール使用の特長は「アユザオよりも、広範囲にねらうことができる」ことです。これはリールという釣りイトの出し入れが可能な道具がもたらす効果といえます。

次に、その原理を説明しましょう。

広くねらえるリール釣り

リール釣りの手順は以下のとおり。

サオの長さには歴史と理由があります

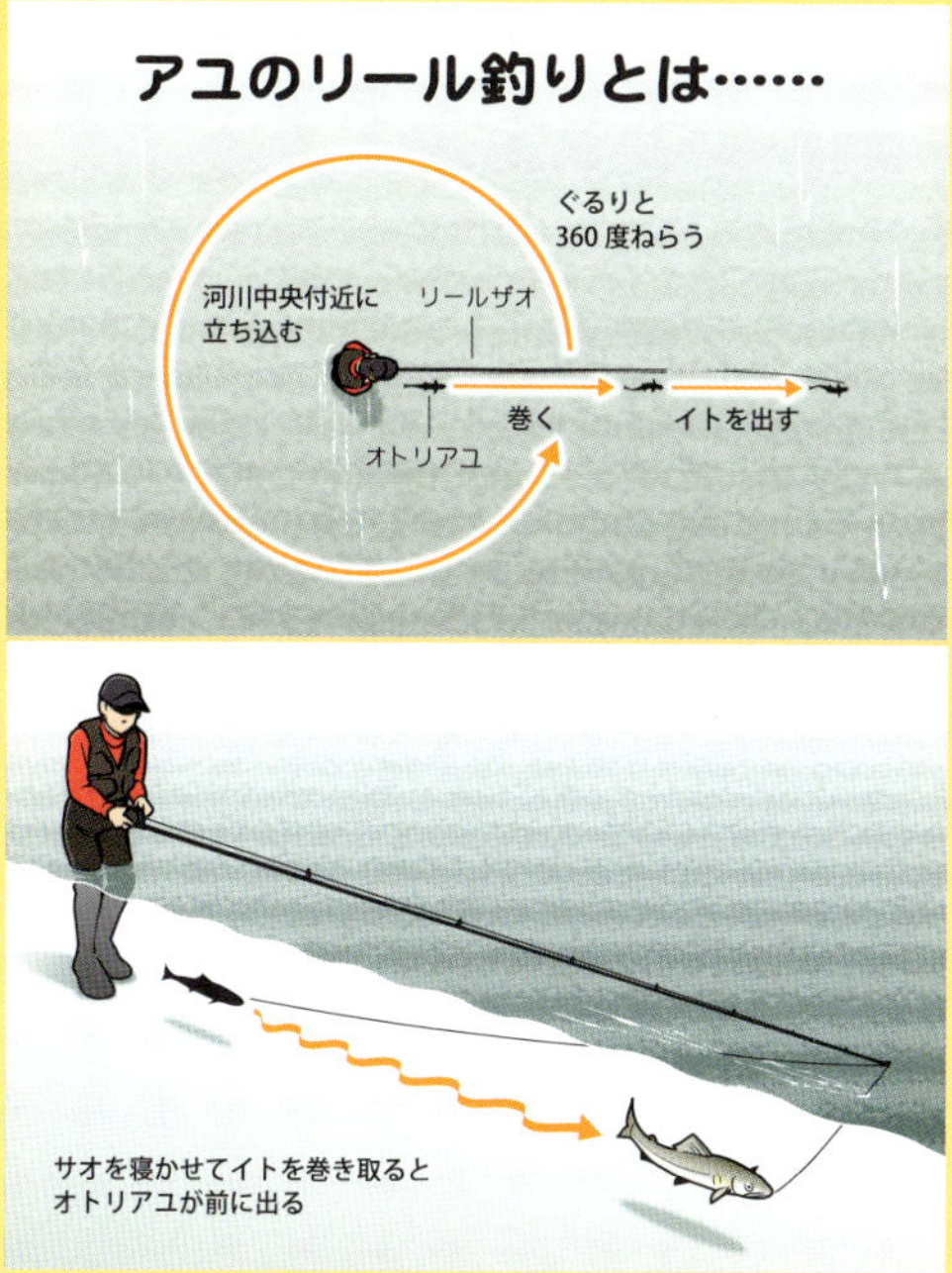

カーボンロッドの登場と進化によってアユザオは9mが基準になった

①河川の中央付近へ立ち込む。
②サオを水面と平行に構える。
③オトリアユを足下へ放す。
④リールを巻くことでオトリをサオ先方向へ引いていく。
⑤サオ先の直下までオトリがきたら、釣りイトを出して泳がせる。
⑥アタリがなければリールを巻いてアユを回収する。

この方法で釣り人を中心に1周、放射線状に探れば、辺り一面、隈なくオトリを泳がせることができます。

ただし、名手と呼ばれる人は決してイトをどんどん出して遠くのアユを釣ろうとしません。川の中心に立ち、リールを使って足下からオトリがを泳がせることができ、ギリギリまで巻いたらふたたびイトを出して満遍なく探る……さて、それで何に気づくことができるでしょうか。意外に、サオとイトフケの操作へ応用できるかもしれません。釣りは、創意と工夫、探求心が大事なのです。

Q7 道具や仕掛けがメチャクチャ高いのですが……

イメージほどには高くないアユ釣りの道具

アユ釣りの楽しさを知っている私としては、趣味に費用対効果などという言葉は使いたくありませんが、釣趣（釣りの味わい、面白さ）に対する経費だとしたら「アユの道具は高い」とは思いません。一例として、釣り人の多くが知っていてプロ組織も存在するブラックバスと比較してみましょう。

●ブラックバス

・リール5万円＋サオ5万円。1セット計10万円。ボート釣行の場合は10セット＝100万円。

・バスボート＆トレーラー500～600万円。他、魚探等各装備のほか、牽引免許、駐艇料、ガス代。

・ルアーやライン等は別途。

もちろんこれはバスプロという職業レベルで考えた場合の極端な例です。このまま趣味にするとなれば最早、セレブリティの世界ですからね（笑）。しかし海の沖釣りでも、釣りザオと電動リール、身の周りの装備を揃えるとなれば、まとまった金額になります。ヘラブナ釣りでもハゼ釣りでも……やはり〝大人の趣味を嗜む〟となれば、初期の支度費用はある程度は掛かるものなのです。

それを踏まえてアユ釣りを考えてみると、サオが10万円、あとは小物と装備品です。確かに30～40万円のサオもありますが、それは上級者用の製品。価格に見合った性能を引き出すことは初心者にとって簡単ではないと思います。入門者に相応で、長く愛用できるのは、私の考えでは10万円くらいが相場かなと思います。経済的な余裕があって予備ザオを揃えても合計20万円です。ブラックバスのタックルに比べたら5分の1で済みます。オトリ缶や引き舟などの装備品も、ハッキリいって滅多に壊れないので物持ちがいいと思います。

私は、後々の相談や付き合いも含めて、知識の豊富な店員がいる釣具店での道具購入を勧めますが、釣り具の購入先はいろいろと選べますし、予算に合ったものを捜すことが可能です。

それとアユは川に立ち込む釣りですから、タイツやウエーダーなど足回りの身支度が必要になります。これは釣り人自身の健康や安全に関わるので、慎重に選びましょう。3～4年も経つと生地などが硬くなって耐久性が落ちてきたり、最初に節約のつもりでケチっ

高くないと思います（たぶん）

高価なイメージのあるタックルだが、一度揃えれば長く使えるものが多い

「完全仕掛け」の登場により、初心者の難関だった仕掛け作りの“壁”が消えた

オトリ缶や引き舟は基本的に丈夫にできている

て買い直すハメとなり、結局安物買いの銭失いで損をすることがあります。

仕掛けも丈夫で経済的!?

現在は市販の「完全仕掛け」の品質が向上して、最初から細かくたくさんの小物を買い揃える手間がなくなりました。お値打ち価格で無駄なく仕掛けが準備できるようになったのです。

確かに仕掛けを単品で揃えようとしたら、他の釣魚用に比べて各製品は安価といえません。たとえばナイロンラインのアユ専用製品は、他の釣魚と一線を画す印象を受けます。これは水の抵抗を最小限にするため、細さと強さの両立を追求した結果、径・太さの均一などに厳しい許容を定めて、高精度を実現しているからです。仮にアユ用の製品を他釣魚で使うと、その高い性能に驚くと思います。高価なものには理由があり、製品価格に見合った性能が備わっているのです。

Q8 仕掛けがすごく複雑そうで細いのはなぜ？

オトリの泳ぎを活かすための細さ

大前提として、アユのイトは「硬い」ものです。0・08号という極細で通常の使用感が得られるとなれば、その10倍の0・8号を切って指でつまむとピンと立つようなイトになるでしょう。釣りイトが進化していくなかで、この仕掛け設定は常識化したのです。

近代アユ釣りの黎明期を振り返ると、水中イトが1号（標準直径0・165㎜。原糸で1厘＝0・0375g）という時代があることに気づきます。今から考えれば極端に太いのですが、現代の釣りとはポイントも釣り方も違っていました。太いイトでは、浅いところはまだよいのですが、少し水抵抗が強く掛かるとオトリは泳がなくなってしまいます。そこで水中イトを0・8号（標準直径0・148㎜）へ落とすと、オトリの動きが変わりました。

魚のサイズを人に置き換えれば、1号の水中イトは綱のようなもの。太い命綱が流される急流で泳げといわれたら、誰もが「もっと泳ぎやすい、丈夫で細い綱はないのか」と言うことでしょう。これがオトリの気持ちです。

国内繊維メーカーのモノフィラメントを作る技術は、世界的に高水準です。これは釣りイトの品質へ顕著に表われました。アユ釣りが劇的に変わった歴史的な背景には、日進月歩といえる釣りイトの品質向上があります。

最近のアユ釣りにおける一般的な水中イトはナイロンラインで0・175号（標準直径0・069㎜）、0・2号（同0・074㎜）、複合メタルラインは0・06号（同0・058㎜）、0・05号（同0・054㎜）が好まれているようです。多くのアユ釣りファンは、自分が繊細な仕掛けを使っている意識があり、仕掛けをていねいに扱います。そしてラインの変化に敏感になり、同じ仕掛けを使い続けると「ナイロンは吸水を繰り返すと弱まる」「複合メタルラインは繰り返し使用の寿命が長い」と実感できるのです。開発当初の0・1号台は、高価なのに1日も持たなかった製品もあり、今は恵まれているなぁ〜と感じさせます。

恵まれているといえば、市販仕掛けです。仕掛けの製品化が得意なハリメーカーだけでなく、総合メーカーからも発売されています。「完全仕掛け」「完成仕掛け」などと呼ばれています。いずれも高品質で、愛好者も納得できる完成度を誇ります。

仕掛けに不安がある方でも大丈夫。「完全仕掛け」があります

初心者が自作した仕掛けよりも「完全仕掛け」は、はるかに高精度

水中イト仕掛けも充実

DVD 動画では実際にこの「完全仕掛け」を使用

団塊世代にうれしい「完全仕掛け」

アユ釣りはかつて、仕掛け作りが入門の壁でした。完全仕掛けの発売以降、この問題は解決しました。たしかに初めて専門書で仕掛けの作り方を見ると、複雑に感じることでしょう。

コンビニエンス（convenience）とは「好都合。便利。手間がいらない重宝なもの」。その意味では完全仕掛けは、コンビニ仕掛けといえます。製品は経年の改善で品質が向上し、慣れない人が作るよりもはるかに高水準。それが「買えば手に入る」気軽さから、老眼の団塊の世代にウケ、入門者ではない愛好者も使用している現実があります。

競技に興味を持ち、トーナメントで勝ちたいとなれば、ハリとハリスのバランスにこだわったり、仕掛けを自作しなければ太刀打ちできません。しかし、競技志向ではない限り、完全仕掛けで充分にアユは釣れるのです。

Q9 アユ釣りも朝マヅメとタマヅメがよいのですか

一般的には好機といわれるマヅメ時だが……

マヅメの意味

マヅメとは、日の出や日の入り（日没）の前後に訪れる薄暗い時間帯です。それぞれ朝マヅメ、タマヅメと呼んで多くの釣りでは好時合（食いが立つ時間）が期待できるといわれています。

マヅメの語源は、日の出までの時間を詰める、夜までの時間が詰まっている、水平線と太陽の間隔が詰まる時間帯だからなど、諸説あるようですが、いずれにしても「間を詰める」から「マヅメ」であるというのが有力のようです。「マズメ」という記載も目にしますが、その語源を鑑みるとマヅメが妥当かもしれません。

太陽光線のかげりで釣果が左右されるとするのならば、共通項として、視覚的に魚の警戒心が和らぐことが考えられます。つまり警戒して就餌行動をしている魚類は、マヅメの好機が顕著になるともいえます。

四六時中食事中につき、あまり関係ありません

ずっと摂餌しているアユにはあまり時間帯は関係ない

縄張りを守るのに休むヒマもない

関係なく、ずっと摂餌中

アユの主食は低カロリーなコケ（藻類）で、その割に大きくなるものは数カ月で30㎝にもなります。警戒して食べずにいたら、大して成長できずに寿命を迎えてしまいます。そのためアユは四六時中、就餌行動を取っています。自然の摂理に従って生きているのですから、おそらくマヅメの効果はあるでしょうが、他魚種に比べて顕著には表われません。

これは「分かりにくい」ではなく、「常に時合となる可能性がある」と前向きに捉えるべきです。たとえば私は渓流釣りも好きですから、朝マヅメは渓流、日が高くなったらアユと、1日に2つの釣りを楽しんだりもします。夏といえば日照時間の長い季節で、午後6時を過ぎても明るいのですが、午後6〜7時、逆にアユの追いが悪くなった経験があります。

Q10 オトリは1尾あれば一日中使えますか

2尾のオトリを使いこなす

オトリ店で購入するオトリアユは、ごく希に天然の野アユを確保している店もありますが、基本は「養殖アユ」です。

釣り場の野アユをオトリに使うと追いがよく（追われやすく）、これ以上の最適なオトリはいません。そんな野アユのオトリを手に入れるため、養殖アユで最初の1尾を掛けるのです。

そもそもアユの友釣りは「循環の釣り」です。オトリは「野アユが掛かるまでの魚」とすれば、1尾だけでよいことになります。ただ、その理想は釣り人の腕前と釣況に委ねられており、入門したての初心者にはお勧めできません。

そこで、「オトリアユは2尾以上」を基本とします。前提として、アユはエサ確保のためにナワバリを張ってぶつかり合い、ケンカっ早くて強い魚です。負担を掛けすぎると弱って尻尾を振らなくなる→釣れない→最後はオトリを死なせてしまいかねません。

それでは、2尾以上というのは「2尾いれば、1尾ダメにしても」という意味なのかといえば、それだけではありません。オトリを2尾用意することで、「養殖アユ」の特徴を活かす策が使えるのです。

●野アユ

▼利点　野アユの追いがよい。釣果が上がりやすい。

▼弱点　掛けて得る魚であるため、掛かった部位で大なり小なりダメージはある。休ませても回復が遅い。

●養殖アユ

▼利点　疲労からの回復が早い。

▼弱点　野アユオトリほど追われない。

養殖アユが2尾いれば、1尾を引き舟に待機させ、使っているオトリが疲労してきたら交代させるというシフトを組むことができます。つまり、オトリを2尾用意するのは、元気に泳がせ続けることが可能になるという理由からなのです。

このローテーションは、回復の遅い野アユでは難しく、仮に循環が滞ったときはふたたび養殖アユに活躍してもらう場合もあります。オトリ同士のローテーションは養殖アユが2尾いないとできませんし、慣れないうちは、仮に死なせた場合も考えて2尾「以上」の準備が必要になります。上達すれば、オトリを買う数は減っていきます。

野球の先発、中継ぎ、抑えのように ローテーションで攻略します

オトリ店が主に扱うのは養殖アユ

オトリ店によっては、ごく希に野アユを売っていることもある

回復の早い養殖アユだからこそローテーションが可能になる

Q11 友釣りの人はすごく特殊そうな格好をしていますが

タイツは安全、年配はウエーダー

アユ釣りは、基本的に河川へ立ち込んで（水に入って）釣ります。そのための身支度が必要で、釣り具メーカーのカタログには足回りの「フットウエア」というページがあり、ウエーダー、タイツ、フェルトタビ、シューズなどの各製品が掲載されています。

ベストの性能が収納力を求めるのと同様に、フットウエアの性能は「機動力」が要求されるので、同じようにその機能が強調されているはずです。タイツはフィット感が肝心です。製品説明にちりばめられた有効性を謳うその表現から、アユ釣りの装いは、スポーツウエアなのだとお分かりいただけるでしょう。また、特殊な服装が必要なのは、「水の中に入って釣る以上、濡れることが前提。泳ぎたくなくても、泳ぐこともある」ときのための水難事故防止にもほかなりません。

服装ですから、冷え対策など釣り人の健康管理も考慮しています。それらを踏まえ、代表的なフットウエアの弱点と利点を挙げてみたいと思います。

●ウエーダー

利点＝濡れないので冷えにくい。

弱点＝暑がりの人は真夏に着用するとサウナスーツ状態で耐えられない。アユ専用のウエーダーでない製品を流用して、転んでしまった場合は逆立ちの「風船」状態になって流され、急瀬だと岩に衝突して大ケガをする危険も。アユベルトでしっかりと腰回りを締めつけるなどして浸水に注意する。

●タイツ

利点＝密着状態なので機動性が高い。水に触れているので涼しい。

弱点＝濡れる。保温性の高いものが市販されているが、冷え性の人は体調を崩しやすい。

ちなみに最近の私はウエーダー派です。若かった頃は競技にも挑戦し、川の中で動きやすいタイツを着用していました。しかし、歳とともに身体が冷えることで疲労感や体調不良を覚えることもあり、健康的な釣行を心がけてウエーダーを着用することにしました。

最新のフットウエアは素晴らしく、立体裁断のクロロプレンで3〜3・5㎜厚のスリムウエーダー、フットウエーダーなどは履き心地がよく不自由を感じません。要は「自分が川の中を歩いてどうなのか」が重要ですから、用途に応じて選択するとよいでしょう。

水の中を歩いたときに快適・安全性が得られる機能を備えています

ウエーダーは下半身が濡れないため、水の冷たさから体温が奪われにくい

河川へ立ち込む釣りなので足回りの装備は万全に

Q12 川の中に入って釣っていますがアユは逃げませんか

「渡りっぱ」に注目

人が川に入ってきたら、さすがにアユは逃げますが、すぐに戻ってきます。それだけアユにとって、エサ場（ナワバリ）は大事なのです。

ずいぶん前のことですが、釣り具メーカーがアユ釣りに関する疑問を解決するための検証VTRを制作することになり、水中映像を撮影したことがありました。

このとき、逃げたアユはどのくらいで戻ってくるかを検証するために、わざとアユを散らして時間を計ったのです。意外ですが投石による刺激は大した緊張感を生じず、数秒で戻ってきました。人間が踏み込むと、さすがに30秒以上の時間を費やしましたが、それでも1分はかからなかったと思います。

人がよく川を横断する場所を「渡りっぱ」といいますが、相手と相当に離れていても、サオの向いている方向を歩かれると目くじらを立てて怒る人がいます。おそらく人が歩くとアユがいなくなると思っているのでしょう。温厚な知識人は「タビやシューズのフェルト底でアカをこすっていくから、かえっていい魚が付くんだ」と寛大なことをいいます。

私も拙著『アユ釣りがある日突然上手くなる』（つり人社）で、「人の通ったあとを釣れ」と書きました。つまり「渡りっぱで釣れ」ということです。

河川の渡りやすい場所「渡りっぱ」は、釣り人が何度も行き来するため、踏み固められた獣道のように川石がこすられています。そんな人が往来している場所なのに、野アユがよく掛かることがあるのです。「渡りっぱ」は、アユの警戒心ばかり気にしている人に見落とされやすいポイントといえます。

ポイントになる理由ですが、食器洗いのようなフェルトの靴底で石が磨かれ、古いアカがこすり取られていますから、ひとたび天気がよくなると新鮮なコケが付き、エサ場として魅力的になるということです。人が歩く場所を釣るのは気が向かないからこそ、サオ抜けになっていることがあります。

このような経験から、私はちょっとやそっとで「アユが逃げてしまう」ことなどないと思っています。アユの生涯の短さを思えば食生活は大変重要、それまでコケを食んできた良好なエサ場を簡単に放棄することなど、まずあり得ません。

逃げるのは一瞬。戻ります

「渡りっぱ」は意外なサオ抜けになっている可能性も

大事なエサ場であるナワバリを簡単に放棄することはあり得ない

Q13

釣ったアユは食べられますか？スーパーのアユと味は違うのですか

自分で釣れば満足感もひとしお

香りのよい魚であることから香魚とも呼ばれるアユの味覚は、非常に繊細なものです。そこにはアユの育ってきた環境が大きな違いとなって表われます。特に、天然の野アユと養殖アユではその差が歴然となります。

そもそも我が国においてアユは水産的価値の高い魚で、食文化の歴史も古く、さまざまな古式漁法で漁獲されてきました。養殖技術も進歩はしていますが、流通しても野アユの価値を高めるに過ぎません。流通の関係から養殖産が並びやすいスーパーの陳列スペースで、新鮮な天然の野アユに出会うことはなかなか難しいのですが、漁法の文化が残る地域などによっては、ごく希にですが店頭へ並ぶこともあります。一概には「スーパーは養殖だけ」とは言い切れません。

ただ一般論として「スーパーのアユと、あなたが愛竿で釣りあげたアユでは味が違う」というのは常識化しており、これは釣り人だけが味わえる鮮度と達成感などによるものかもしれません。そういう意味では「美味しいアユを食べたければ、釣りをする」ことが近道になるといえます。

冒頭で、アユが育ってきた環境が味覚に大きく関わるとしました。もっと具体的にいうならば「アユの味はコケで決まる」ということです。繰り返しになりますがコケというのは珪藻、藍藻など川石に付着する藻類、釣り用語でいう「アカ」を差します。アユの口は櫛状歯になっており、真っ向から体当たりする格好で口唇を石へ押し付けてコケを剥がし取り摂餌します。アユが多いと、櫛状歯で石全体が磨かれて分かりにくいのですが、魚影の少ない場所では点々と摂餌した痕跡の「ハミ跡」を見ることができます（つまり、ハミ跡がしっかり見えるところはアユの魚影が少なく、石が満遍なくピカピカに磨かれている場所はアユが多いといえます）。

河床付着物である藻類には、細粒土砂、いわゆる土や砂も含まれています。清流の中で付着した新鮮なコケと、細粒土砂が多く混合しているコケでは、どちらを食んでいるアユがより美味しいか、もうお分かりでしょう。地域によってアユの味が異なり、「下流域よりも中流域のほうが味がいい」が定説になっているのは、こういうわけです。

「コケで決まる」アユの味は、地域によって異なる風味を楽しめます

釣ったアユを河原で焼いて食べる。笑顔がその味を語っている

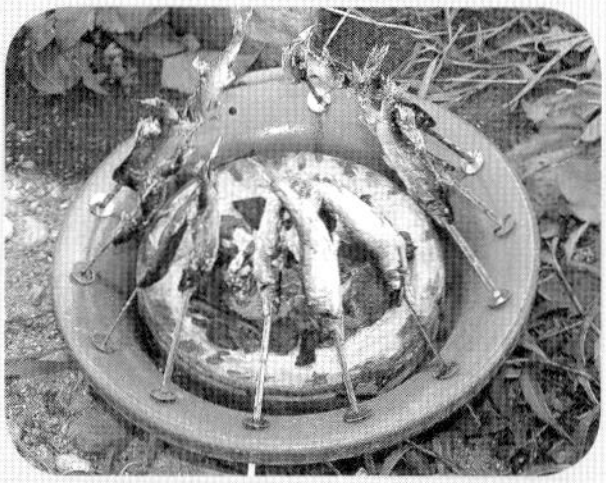

「串焼ろばた」など、美味しい塩焼きができる道具もある

清流の女王は味覚も最高

水質のよさで日本一の清流に選ばれたことのある島根県高津川付近の棚田風景。アユの食味には、川だけではなく周囲を含めた環境も影響しているのだろう

森がアユの味を決める!?

アユが食べるコケは、山々の樹木や岩間から染み出す水を元に育ちます。しかし自然は穏やかなばかりではなく、ときに荒々しい表情も見せます。荒天下の増水などで河川が急流になり、すっかりコケが流されてしまうこともあるのです。ところが激しい流れで石が洗浄された後、日照によって新たな藻類が付着すると、より新鮮なエサが野アユへ給餌されます。

健全な自然環境が整う河川ではこのサイクルが機能しており、上質なコケで美味しいアユが育まれています。アユ釣りをとおして自然環境保護を考えるとき、周辺の森林伐採やダムなどの建設で、アユへの直接被害だけでなく、エサにもダメージを与えていると理解する必要があります。アユの釣り人は、アユの味が変わると自然環境の変化を心配しているものなのです。

Q14 アユ釣りは1人でも始められますか

釣り場で教わり、予習復習を本で

　本書を含めて、たくさんのアユ釣りに関する入門書や映像があります。各著者の観点で要点をまとめ、できる限り詳細に、それでいて難しくならない内容を意識して表現されているはずです。そのどれもが、アユ釣りに興味があるけれど何から始めていいか分からない人に手を差し伸べる「釣りガイド」を目差していますから、本当は見ただけ、読んだだけで名手に教わったのと同じくらい理解を深められるはずです。入門者向けの本書も同じような思いを込めて書いています。

　しかし、ここに矛盾が生じてしまいます。

　私としては、「身近にアユの友釣りをしている信頼できる人がいたら、できることなら道具を借り、一緒に釣行してもらう」ことがよいと思います。人に教わるのと、本で独学するのでは、身に付くまでどうしても時間的な差があります。言い切ってしまいますが、独学は遅いのです。

　周りに教えてくれる釣り人がいなければ、アユ用品を豊富に扱う釣具店へ行ってみましょう。シーズンだけ適当に品揃えをしている店舗は期待できませんが、多少の増減はあっても周年アユ釣り用品が充実している店は、担当者がアユ釣り愛好者である確率が高いものです。こうした店舗で店員さんの勧める道具を揃え、その人に一緒に釣行してもらえないか聞くという手段もあります。

　「道具はインターネットで買ってしまった」という人を含めて、そのインターネットを活用する手もあります。

　検索サイトで「アユ　講習会」と検索すれば、釣り具メーカーやショップが主催する釣り教室の告知がヒットします。インターネット以外にも月刊『つり人』などアユ釣りに強い専門誌や、スポーツ紙のインフォメーション欄にイベントの参加募集情報が掲載されますし、釣具店ではポスター貼付、チラシ配布も行なわれます。主催社は製品の試釣も兼ねてレンタル道具を用意することもあり、川に入る身支度さえ整えれば参加できる講習会もあります。しかも、名手と呼ばれるインストラクターから指導が受けられるのだから、これ以上はないでしょう。釣りのマナーや、危険回避も、実釣から学んだほうが理解しやすいものです。

釣り場で直接人に教わるのが上達への一番の近道です

釣り場で上手な人に教わることが上達への一番の近道

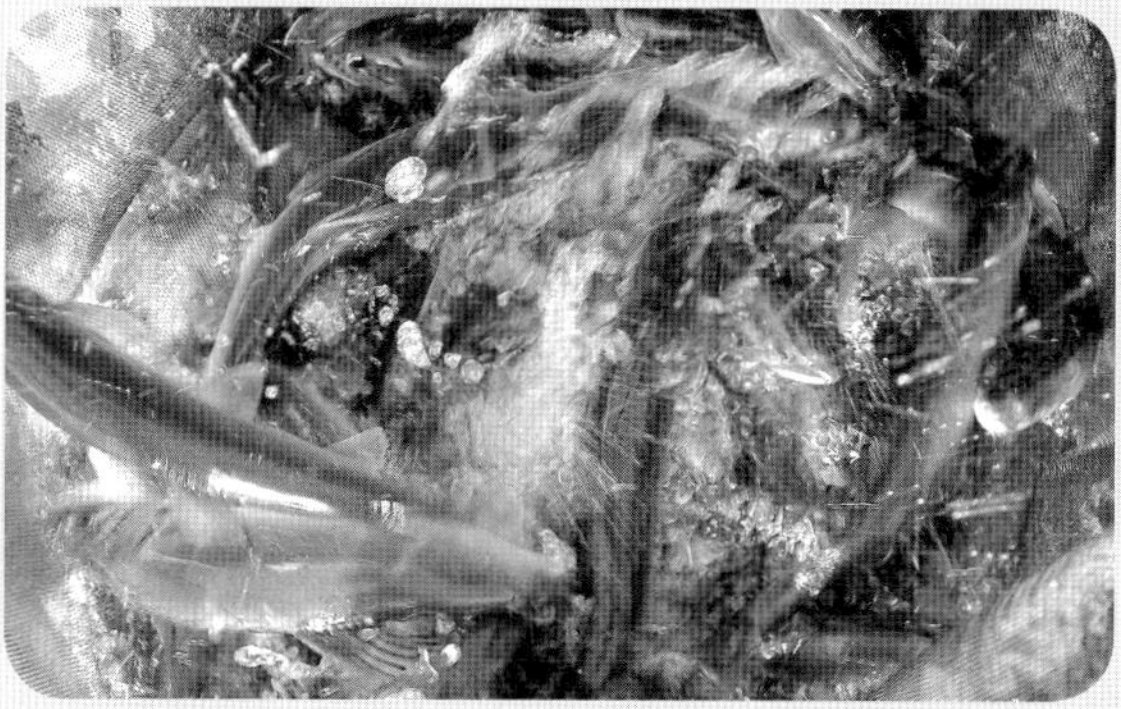

たくさん釣れれば楽しいのはもちろん、それだけ技術の向上にもつながる

Q15 アユの禁漁・解禁期間はどうなっていますか

秋・冬も意外にOK

アユ釣りは夏に盛期を迎えるものですが、釣期は各漁業協同組合（以下、漁協）が、それぞれ管轄区域においてアユの成育状況を元に解禁期間を定めています。もちろん盛夏を挟むことは間違いありませんが、漁協判断に委ねるため違いが生じます。

アユと同じく禁漁期間のあるヤマメやイワナは、産卵期間である10月〜翌年3月頃までを中心に禁漁期間が設定されています。資源保護が主な目的ですが、私としては、これは年魚であるアユにそのまま当てはまるものではないと考えています。

2013年を例にアユの解禁期間を記すと、首都圏では神奈川県相模川と酒匂川、早川が6月1日〜10月14日、群馬県は利根川（福島橋〜明和町）が6月1日〜12月31日、神流川（神流町）は6月1日〜10月31日。茨城県の久慈川は6月1日〜12月31日。栃木県は那珂川（北部・南部・茂木）で6月1日〜11月10日、鬼怒川本流が6月9日〜10月31日となっています。

6月に入ると、「アユ釣り解禁」が夏の訪れを告げる風物詩としてテレビやラジオ、ネットで報道されるため、「アユ釣りは6月から解禁」というイメージを抱く人も多いでしょう。

しかし、前記したとおり子持ちアユとなる抱卵時期の秋や、冬にアユ釣りをしてはいけないこともなく、岐阜県長良川（中流）などは6月1日〜12月31日まで釣りができます。静岡県の狩野川も5月下旬の解禁から12月いっぱいまで楽しめます。

地域による傾向

「アユは6月〜」というのも、地域上の常識といえます。四国は高知県・四万十川上流部は5月15日〜12月31日、紀州・和歌山県の日高川や有田川は5月1日〜12月31日と、5月に解禁しているのです。

解禁が遅い地方もあります。秋田県の米代川・早口川・岩瀬川、米代川大館地区・桧木内川・玉川の一部・雄物川・玉川・皆瀬川・子吉川や、山形県の月光川・最上川・立谷沢川・相沢川・中野俣川、赤川・京田川・大山川・大鳥川・小国川最上辺りは7月1日〜10月31日。北海道の余市川が7月1日〜9月15日、同じく尻別川は7月1日〜8

河川を管理している各漁業協同組合がそれぞれ解禁期間を定めています

12月いっぱいまで友釣りを楽しめる静岡県狩野川では、ススキの揺れる河原を背景にサオをだす釣り人の姿が多く見られる

夏は地域や河川を問わずアユ釣りのベストシーズン！

人気河川の解禁当初はご覧のような混雑になることも（静岡県狩野川）

月31日。「北国のアユ釣りは7月～」という印象があります。

遅れがちな北国に対して、南は早いのかといえば、九州の福岡県筑後川本流は5月20日～12月31日。大分県の大野川本支流・大分川全域・五ヶ瀬川・一ツ瀬川本支流・一ツ瀬川上流、大淀川中～上流、熊本県の球磨川・川辺川・緑川・菊池川本支流・水俣川・白川、鹿児島県の天降川支流は6月1日～12月31日。首都圏や東海の釣り場と大差はなく、紀州よりも遅いくらいです。

1つの河川を複数の漁協が管轄しているケースでは、地域で期間が前後することもあります。長野県千曲川水系を例に挙げると、上流・相木川は7月6日～9月30日、千曲川（佐久）は6月29日～11月30日、千曲川（上小）・依田川・鹿曲川・神川が6月22日～12月31日、千曲川（更埴）は6月29日～、といった感じです。

※2014年以降の各河川の解禁期間とは異なる場合があります。

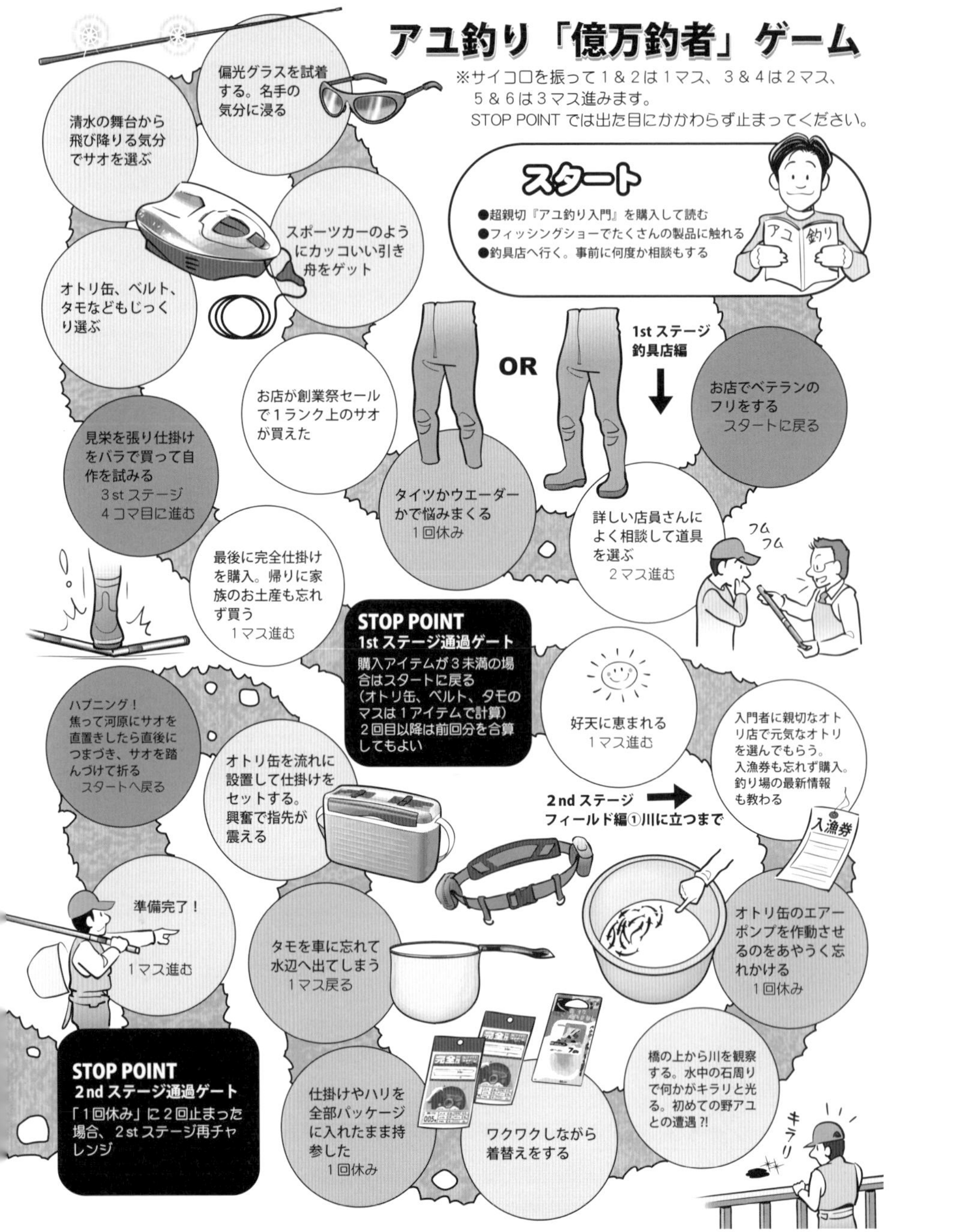
アユ釣り「億万釣者」ゲーム
※サイコロを振って1＆2は1マス、3＆4は2マス、5＆6は3マス進みます。
STOP POINT では出た目にかかわらず止まってください。
スタート
●超親切『アユ釣り入門』を購入して読む
●フィッシングショーでたくさんの製品に触れる
●釣具店へ行く。事前に何度か相談もする
アユ 釣り
1st ステージ
釣具店編
お店でベテランのフリをする
スタートに戻る
詳しい店員さんによく相談して道具を選ぶ
2マス進む
フム
フム
タイツかウエーダーかで悩みまくる
1回休み
OR
お店が創業祭セールで1ランク上のサオが買えた
スポーツカーのようにカッコいい引き舟をゲット
偏光グラスを試着する。名手の気分に浸る
清水の舞台から飛び降りる気分でサオを選ぶ
オトリ缶、ベルト、タモなどもじっくり選ぶ
見栄を張り仕掛けをバラで買って自作を試みる
3st ステージ
4コマ目に進む
最後に完全仕掛けを購入。帰りに家族のお土産も忘れず買う
1マス進む
STOP POINT
1st ステージ通過ゲート
購入アイテムが3未満の場合はスタートに戻る
（オトリ缶、ベルト、タモのマスは1アイテムで計算）
2回目以降は前回分を合算してもよい
2nd ステージ
フィールド編①川に立つまで
好天に恵まれる
1マス進む
入門者に親切なオトリ店で元気なオトリを選んでもらう。
入漁券も忘れず購入。
釣り場の最新情報も教わる
入漁券
オトリ缶のエアーポンプを作動させるのをあやうく忘れかける
1回休み
橋の上から川を観察する。水中の石周りで何かがキラリと光る。初めての野アユとの遭遇 ?!
キラリ
ワクワクしながら着替えをする
完全
仕掛けやハリを全部パッケージに入れたまま持参した
1回休み
タモを車に忘れて水辺へ出てしまう
1マス戻る
準備完了！
1マス進む
オトリ缶を流れに設置して仕掛けをセットする。興奮で指先が震える
ハプニング！
焦って河原にサオを直置きしたら直後につまづき、サオを踏んづけて折る
スタートへ戻る
STOP POINT
2nd ステージ通過ゲート
「1回休み」に2回止まった場合、2st ステージ再チャレンジ

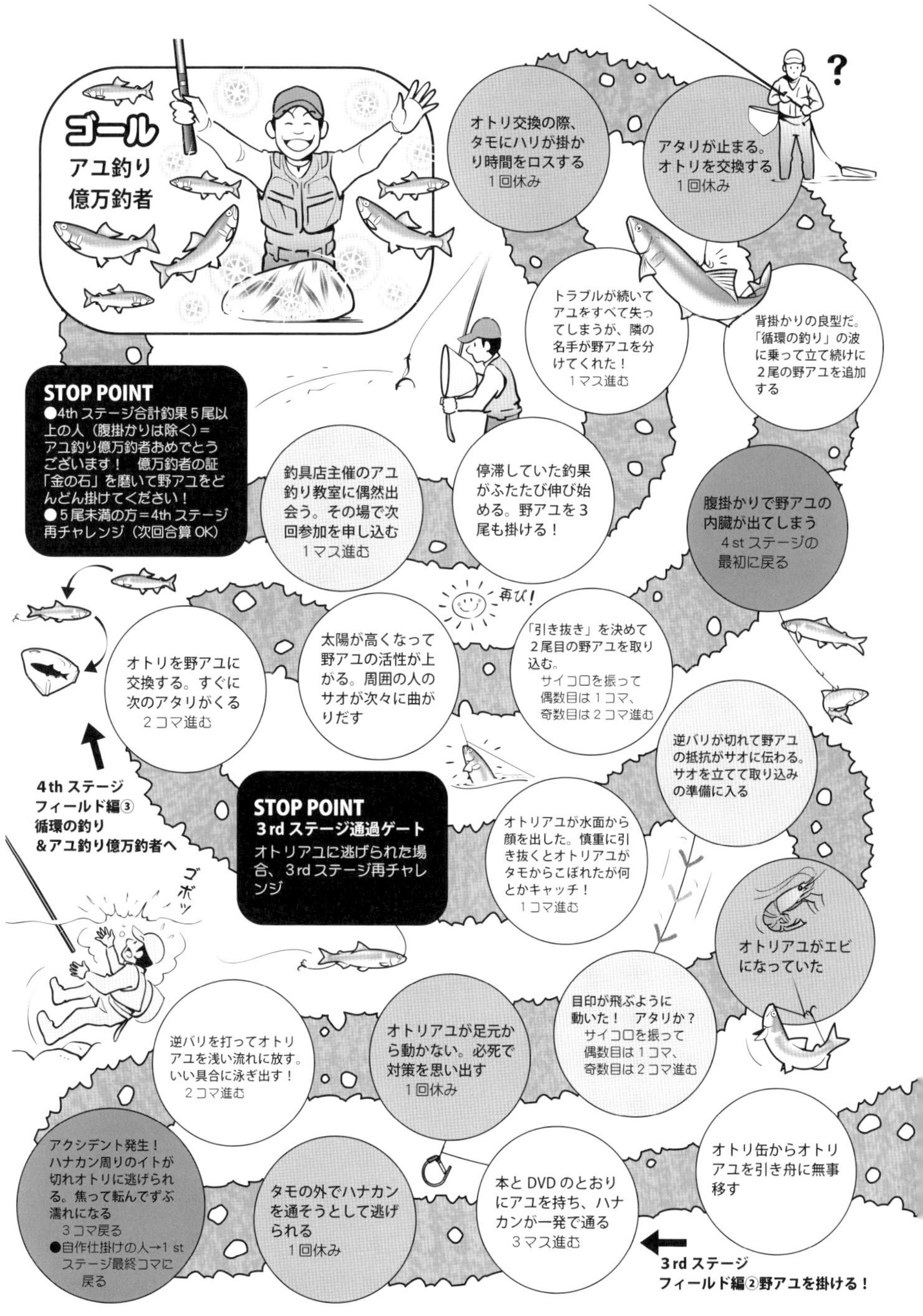
3rd ステージ
フィールド編②野アユを掛ける！
オトリ缶からオトリアユを引き舟に無事移す
本と DVD のとおりにアユを持ち、ハナカンが一発で通る
3マス進む
タモの外でハナカンを通そうとして逃げられる
1回休み
アクシデント発生！ハナカン周りのイトが切れオトリに逃げられる。焦って転んでずぶ濡れになる
3コマ戻る
●自作仕掛けの人→1 st ステージ最終コマに戻る
ゴボッ
逆バリを打ってオトリアユを浅い流れに放す。いい具合に泳ぎ出す！
2コマ進む
オトリアユが足元から動かない。必死で対策を思い出す
1回休み
目印が飛ぶように動いた！　アタリか？
サイコロを振って偶数目は1コマ、奇数目は2コマ進む
オトリアユがエビになっていた
逆バリが切れて野アユの抵抗がサオに伝わる。サオを立てて取り込みの準備に入る
オトリアユが水面から顔を出した。慎重に引き抜くとオトリアユがタモからこぼれたが何とかキャッチ！
1コマ進む
STOP POINT
3rd ステージ通過ゲート
オトリアユに逃げられた場合、3rd ステージ再チャレンジ
4th ステージ
フィールド編③
循環の釣り
&アユ釣り億万釣者へ
オトリを野アユに交換する。すぐに次のアタリがくる
2コマ進む
太陽が高くなって野アユの活性が上がる。周囲の人のサオが次々に曲がりだす
再び！
「引き抜き」を決めて2尾目の野アユを取り込む。
サイコロを振って偶数目は1コマ、奇数目は2コマ進む
腹掛かりで野アユの内臓が出てしまう
4 st ステージの最初に戻る
停滞していた釣果がふたたび伸び始める。野アユを3尾も掛ける！
釣具店主催のアユ釣り教室に偶然出会う。その場で次回参加を申し込む
1マス進む
背掛かりの良型だ。「循環の釣り」の波に乗って立て続けに2尾の野アユを追加する
トラブルが続いてアユをすべて失ってしまうが、隣の名手が野アユを分けてくれた！
1マス進む
アタリが止まる。オトリを交換する
1回休み
?
オトリ交換の際、タモにハリが掛かり時間をロスする
1回休み
STOP POINT
●4th ステージ合計釣果5尾以上の人（腹掛かりは除く）＝アユ釣り億万釣者おめでとうございます！　億万釣者の証「金の石」を磨いて野アユをどんどん掛けてください！
●5尾未満の方＝4th ステージ再チャレンジ（次回合算 OK）
ゴール
アユ釣り
億万釣者

1章おさらい＆復習

早見できる「ひと言」集

Q1 アユ釣りってどんな釣り?

アユの友釣りは「アユの食性に関わる、ナワバリ意識を活かした釣り」で、アユがアユを追う行為を利用しています。

Q2 どこへ行けばアユが釣れますか

石にアカが付いて、天然遡上が可能な川ならばどこでもアユを釣ることができます（もちろん放流河川でも釣れる)。

Q3 友釣り以外ではアユは釣れないのですか

エサ釣りもありますが、毛バリを使ったドブ釣りが有名です。

Q4 暑い真夏にわざわざ釣りをするのはなぜ?

アユの一生から考えて、夏はアユの旬で美味しく、美形なだけでなく追いもよい季節。それに比べると春には幼く、秋では遅い。つまり夏は友釣りを楽しむには最良の季節です。

Q5 アユの「ナワバリ」って何?

アユがアカと呼ばれるコケを食むようになると、生存競争から「ナワバリ」意識が目覚める。「ナワバリ」＝アユのマイホーム。よい石にはアユが入れ替わり立ち替わり入居してきます。

Q6 いっそのことリールザオではダメですか

素材の進化と釣り場での試行錯誤の結果、サオは9mが基準に。リールザオの釣りには、他の釣りにはない利点もありますが、禁止されている河川もあるので注意が必要です。

Q7 道具や仕掛けがメチャクチャ高いのですが…

多少の初期出資はあっても、安物買いの銭失いにならないよう、しっかりしたものを揃えたほうが結果的に経済的です。

Q8 仕掛けがすごく複雑そうで細いのはなぜ?

大前提として、アユのイトは「硬い」もので、オトリの泳ぎを阻害しない細さにしても強度が損なわれません。また、アユ釣り入門の壁だった仕掛け作りは、「完全仕掛け」の発売によって問題が解決しました。

Q9 アユ釣りも朝マヅメとタマヅメがよいのですか

アユは四六時中、ずっと就餌行動を取っています。おそらくマヅメの効果はあるでしょうが、他魚種に比べて顕著に表われません。つまり、常に時合となる可能性があります。

Q10 オトリは1尾あれば1日中使えますか

体力回復の早い「養殖アユ」が2尾いれば、1尾を引き舟に待機させて、交代させるというシフトを組むことができます。

Q11 友釣りの人はすごく特殊そうな格好をしていますが

アユ釣りは「水の中に入り、濡れることが前提」の釣り。スポーツ性、水難事故防止の両方の要素がウエアには求められます。

Q12 川の中に入って釣っていますがアユは逃げませんか

一瞬離れても、すぐに戻ってきます。短い生涯のアユにとって食生活は大変重要。それまでコケを食んできた良好なエサ場を簡単に放棄することなど、まずありえません。

Q13 釣ったアユは食べられますか?　スーパーのアユと味は違うのですか?

天然の野アユと養殖アユではその差が歴然となります。養殖技術も進歩はしてきていますが、流通しても野アユの価値を高めるに過ぎません。

Q14 アユ釣りは1人でも始められますか

「身近にアユの友釣りをしている信頼できる人がいるならば、道具を借り、一緒に釣行してもらう」ことがよいと思います。釣り場で教わり、予習復習を本でしましょう。

Q15 アユの禁漁・解禁期間はどうなっていますか

釣期は各漁協が、該当地域におけるアユの生育状況を元に定めています。漁協判断に委ねるため、期間は異なります。

2章

必須の準備　釣り具からウエア、小物類まで

アユ釣りの道具類は、身につけるウエアも含めてすべてがシステマチックにできている。実際に使ってみるとそれらの機能や、必要な理由が理解できるはず。基本をおさえて準備を整えれば、誰もが格好いい友釣りマンスタイルになれる。

マストの〝大道具〟① サオ

伸ばしたサオを触り放題、名手に話も聞けるフィッシングショーを活用！

実物を触って選ぼう

釣り道具すべてにいえることですが、手にとって確認して買うのが理想です。そもそも、初めて道具を入手するとき、広告などの解説や画像だけで製品を想像しようとしても、経験則がないから難しいでしょう。

「アユザオはどういうものか」を実感するには、やはり実際に釣りザオを振ってみる以外にありません。しかし多くの釣具店ではアユ用品は「季節商品」としての扱いです。アユ釣りに特化した専門店や地域性から周年常備している店舗もありますが、これらは希なケースです。そこで、シーズンに道具を揃えるのも考えのひとつですが、その前に手に入れたい、ある程度の目星を付けたいのが心情でしょう。

製品に触れる機会として代表的なのは、毎春開催する一般社団法人日本釣用品工業会主催「国際フィッシングショー（ジャパンフィッシングフェスティバル）」や、大阪釣具協同組合主催「フィッシングショー OSAKA」などの大きなイベントです。店内で9mものサオを伸ばして振るのは難しいですが、イベントではサオは伸ばした状態で何本も展示されており、次々と違うサオを振り比べることができます。ほかにも仕掛けや装備など、アユ釣りに関するすべてが揃っているので、情報収集としては、これ以上の恵まれた環境はないでしょう。

フィッシングショー以外では、メーカー単位や卸業者による受注会や見本市があります。こちらは販売店向けの小イベントで、2～5月まで頻繁に行なわれます。来場者を募る場合は告知を行ないますが、フィッシングショーに比べると広報力が限られ、メーカーの公式HPや、釣り専門誌の情報欄をまめにチェックする必要があります。

よくあるのは、販売店がお得意様に声をかけ、店単位の一団として来場する例です。ここではイベントで顧客が製品を確認して、販売店が注文を受けるという流れがあります。製品を購入した縁で釣具店との信頼関係ができれば、今後プラスになるかもしれません。

伸ばして、振って、感じるもの

どんなかたちにしろ、サオに触れる機会を得たとします。それで何が分かるのかといえば、最初は持ち重り感（サ

シマノ　リミテッドプロ MI HJ

シマノ　時雨 ZB

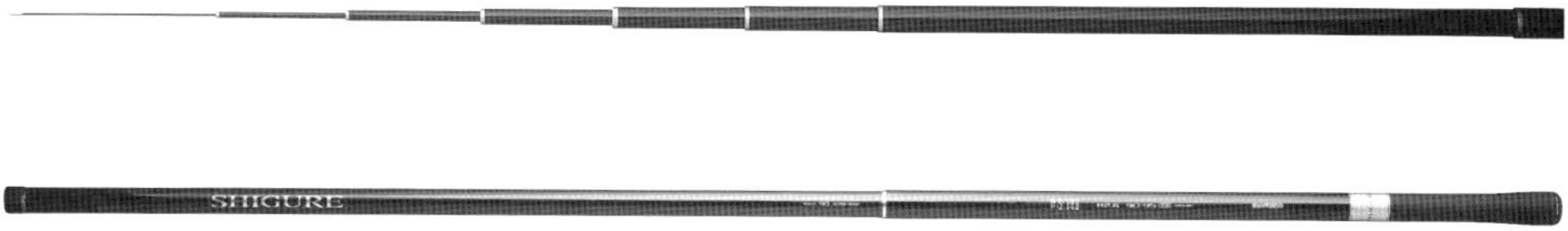

上下とも9mのアユザオ。モノクロのため塗装の違いなどもよく分からないが、価格面では上が40万円前後、下は約11万円と3倍の開きがある。リミテッドプロは上級者用、時雨ZBはベーシックモデルだ

●他・参考製品
【がまかつ】がま鮎　競技スペシャルV5／がま鮎　ファインスペシャルⅢ
【ダイワ】銀影競技スペシャルA／銀影A

アユザオの各部名称

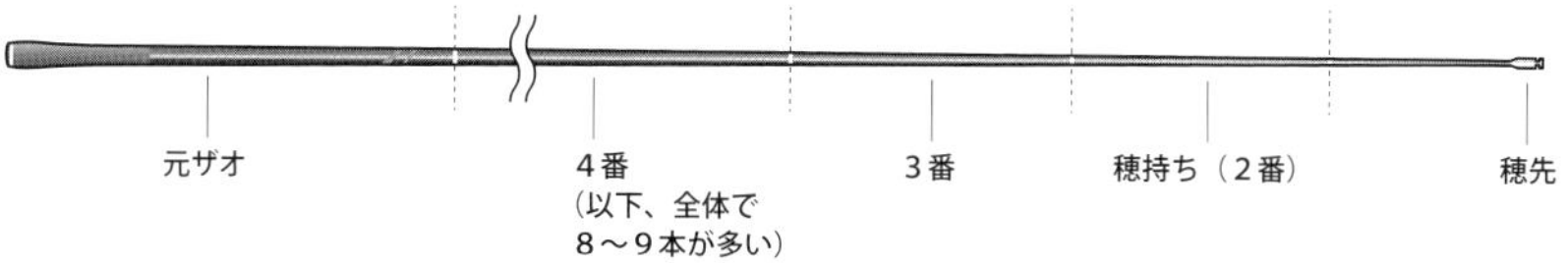
元ザオ
4番
(以下、全体で
8～9本が多い)
3番
穂持ち（2番）
穂先

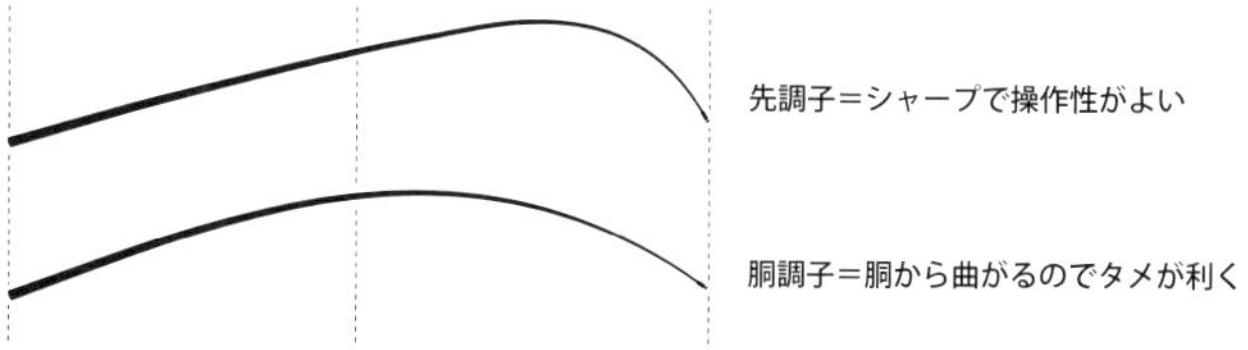
先調子＝シャープで操作性がよい
胴調子＝胴から曲がるのでタメが利く

オを持ったときに感じる重さ）くらいでしょう。でも入門者にとって、これは大事なことです。「9mのアユザオはこういう重さなのか」と実感したことで、何も知らない状態から「伸ばしたときの重さ」というデータが加わったことは道具選びの大きな一歩です。

　私もきちんとサオの性能を知りたいと思ったら、オトリアユを付けないと分かりません。しかし経験則から、こういう感覚のサオは、こんな性能を発揮してくれるだろうと憶測でき、この期待は大きく外れません。基礎的ですが、サオを持ったときにベナンと感じたら胴調子、シャキッとしたら先調子。こうした振り調子こそ実際に触って経験するほうが早いと思います。

サオを選ぶ基準

　サオだけではなく、道具選びに必要な条件は「予算」と「釣り場」です。

　釣り具のイベント会場には、メーカーとインストラクターあるいはフィールドテスターの契約をしている名手たちが製品の近くにいるものです。インストラクターとは教員や指導者を意味しますが、名手にこちらが明確な質問をすれば、知る限りのことを教えようと努めてくれます。具体的な質問には、具体的に答えてくれるものです。

　その際、できれば広義的な質問よりも、率直に初心者である自分に向いた釣り場を尋ね、最終的に「釣り場と予算」が伝わるように会話しましょう。

　また、アユザオには長さや重さ、振り調子では分からない「強さ」という選択肢があります。それを会場で知るのは困難なので、実釣試験を続けてきたメーカー関係者から聞き出すのが無難です。そうはいっても「名手と会話が上手くできない」という人もいるでしょうから、私の経験から大まかな傾向をお話ししましょう。値段がひとケタ違うと、どんな差が出てくるのかを以下に記します。

A．手頃な値段（数万円）のサオ

　素材＝カーボン。塗料のコストなどを企業努力で抑え、低価格を実現。重量はBと比較すると重く、感度やパワーの点でも差がある。

B．高価（数十万円）なサオ

　素材＝カーボン。高性能を追求し、高級で良質な塗料を使用。Aと比較すれば断然軽く、高感度で、明らかに力強さを感じる。

　ハッキリいうと「よい物は高い」「すごくよい物で、安い物はない」です。その昔、私個人の経験では、確かに安くてよい製品もありました。全体から見ればそれはごく一部で、製品が進歩する過程で、旧製品が飲み込まれていくときに生じる現象でもあります。

　たとえば、10年前に30～40万円でメーカーの最上級製品とされた性能が、10年後には10万円前後の中級製品でも同等の性能を備えているというケースです。こうなると旧世代の最高級より、新世代の中級を買うほうがお

サオは伸ばして振ってみないと分からないもの。理想は釣り場で実際に使ってみることだが、現実的にはフィッシングショーなどで名手の説明を聞きながら多くのサオに触れてみるのがよい

長くて繊細（そして高価）なアユザオの取り扱いは慎重に。倒れた衝撃や、少しの傷が大きなダメージになる。立て掛けるときは河原に直接ではなく草の上に置いたり、クルマのワイパーで抑えるなどの工夫を

釣り場で準備ができたら、写真のようにタモをサオにかぶせてから川へ下りる。水辺までは段差があったりして、跳ねて着地したときの衝撃でサオ栓が飛んでしまうことがある。タモをかぶせるのはそれを防止するため

買い得な気がしませんか。これが私の感じた「安くてよい物」という意味です。

「軽量」は9mで200gが基準

「安くてよいもの」の前置きでその昔としたのは、これが当てはまらなくなったからです。「その昔」の当時、進化の過程は目覚ましいものでした。しかし現在は僅差の進歩です。

今の進歩を階段に例えて年々1段ずつ上るペースと仮定すれば、昔は3段飛びくらいの勢いがありました。ですから中古釣具店であまり古いものを買ってしまうと、その値段で新製品を買ったほうがメーカーのサービスも受けられ、はるかに優れた物が買えたかもしれないということです。

現在、軽量をうたった高級品は「9mで200gくらい」が基準のようです。しかし軽さと強さを伴うのは難しく、またアユは解禁当初の15㎝級ばかりではありません。強さも必要です。

マストの〝大道具〟②

引き舟&オトリ缶

アユ釣りならではの釣り道具。
前者はオトリ候補、後者は釣果をキープ

引き舟は一流メーカーの旧モデル、という選択肢も

現代は釣り道具全般で「新製品が優れている」といえます。契約モニターをはじめ、一般の釣り人からも多くの意見がメーカーへ挙げられ、製品は進歩を遂げています。なかでも引き舟とオトリ缶は、かなり成熟した製品になりつつあります。

引き舟ですが、現在2万円台で買えるものと、少し前の型落ちセール品や中古品の出物として5千円台で入手できたものを比べて、大きく何かが違うかといえば、機能としては同様に扱えて不自由は感じません。

最近、釣り具もリサイクル・中古品を扱う店舗が増えてきましたが、こうしたお店やコーナーを物色してみるのは、お買い得品に出会える1つの手段でしょう。新しいものは、それだけ機能が向上しているわけですが、流水の抵抗を考慮して現在の形になってから大きな差はないように思えます。舟が転がってしまったり、釣り人が舟に引っ張られるような粗悪品は、一流メーカー品ではほとんどあり得ません。

引き舟はタモの項目で紹介するアユベルトにセットして使用します。

「大は小を兼ねる」オトリ缶

オトリ缶は、樹脂製のハードケースタイプが主流です。オトリの活きを維持する道具で、移動するときはエアポンプを稼働させ、釣り場に着いたら水に沈めて使います。

この道具に関しては「大は小を兼ねる」ので、容量は24ℓタイプが無難です。各メーカーの標準小売価格を調べると、20～24ℓは2万円以下。ソフトケースのバッカンタイプは買い求めやすい価格が魅力で、4千円以下で買えるものもあります。

長い移動でなければ、大きなバッカンへそのまま引き舟を入れて運ぶ人もいますが、オトリアユへの負担は増します。もし、出費が嵩むことを懸念されるなら、オトリ缶は釣り仲間の何人かで1つあればこと足りるので、仲間に相談してみてはいかがでしょうか。

道具を揃える予算が限られているなら、できる限り釣りザオにかけたほうが有意義だと思います。

これらと別にクーラーボックスも必要です。別項で改めて述べますが、10～20ℓが主流で、小さいと保温力に不

引き舟（シマノ　アドバンスパワーR）
流れに立ち込み移動を繰り返すアユ釣りでは、オトリと掛けたアユを一時的にこの引き舟に入れておく

●他・参考製品
【がまかつ】鮎舟ジャイロジェット 650
【ダイワ】友舟 AT-700SP

オトリ缶（シマノ　オトリ缶R）
釣果をキープするためのオトリ缶は、写真（右）のように重しをして流れに固定しておく

●他・参考製品
【ダイワ】友カン TS-2400

安があるので20ℓくらいがよいと思います。レジャーの必需品なので、釣り以外にも何かと便利です。ちなみに、釣果を上手に持ち帰る手順は以下のとおりです。

①氷を用意する。細粒のクラッシュアイスがあれば、このうえない。

②クーラーボックスに氷と水を入れる。氷水は水の量に注意。水が多すぎると、きちんと締まらない。

③生きたアユを、そのまま氷水に入れる。氷水を飲ませることで傷みやすい内臓を冷やすことができ、鮮度が保たれる。

④水を捨てて、たくさんの氷で氷漬け状態で持ち帰る。

とにかくアユは「氷水で締める」ことが美味さを保つ秘訣です。また、あまりにも安価なクーラーボックスでは温度（冷気）が充分には保てない恐れがあるのと、容器が小さいと、せっかくの尺アユを曲げて持ち帰る状態にしてしまいます。

マストの"大道具"③ タモ&アユベルト

掛けたアユはオトリごとタモで受ける

ビギナーにはより大枠のタモがおススメ

現代のアユ釣りにおける取り込み方法は、掛けたアユを水面まで引き上げ、そのまま空中を飛ばしてオトリごとタモに入れる「引き抜き」が一般的です。連続動作を伴う引き抜きは、タモにスポーティーな機能を要します。

テニスでは、選手に合ったラケットにその性能を引き出すストリングスを張るのが基本だそうです。タモにも張りは必要で、網目の大きさもこだわるところです。極めつきは手すき網という選択もあります。

まずはラケット部にあたる枠径です。「吊るし」で落とし込む時代ではなく、引き抜きのキャッチ率から考えて大枠の36～39㎝をお勧めします。初心者が野アユを掛けて不慣れな手つきで引き抜き、何とか飛ばした野アユとオトリの2尾が無事タモに入る率を上げることを考えると、個人的には39㎝が楽だと考えます。

アユを手前まで引き寄せて付けイトを手で持ち、タモへ落とす引き寄せ取り込み（吊るし）の時代は9寸（27㎝）以下のタモですみました。当時は引き抜き用の大枠を見て、保守的な釣り人が「トンボ捕りか」と冷やかしたこともありましたが、今は大きなタモで受け取るのが主流です。

網目は、細かいといわれる上部1・5㎜目＋側面～底面1㎜目だと36㎝枠で5万円前後ですが、3・5㎜目辺りまで妥協すれば1万5千円前後の製品があります。アユ釣りは、ある意味で「掛ける釣り」なので、仕掛けの特徴として引っ掛かる要因が多い。網目が粗いとそれだけ引っ掛かるリスクが高まります。掛けバリ、逆バリ、背バリ、ワンタッチ・ハナカンの突起部位までも原因となります。

細目はハリが掛かりにくく手返しがよくなるのですが、高価ですし、腰に付けていて水の抵抗を受けます。高すぎず、実用的という点で中間の2㎜目という選択もよいでしょう。手すき替え網は工芸品的な魅力のある高級品ですが、工業品にもテクノメッシュといった高級新素材があります。

3・5㎜目前後になると1万円台で安価ですが、強度と網の張りなどの基本性能は前者に敵いません。トラブル覚悟になるので、ここは最初からよい物を求め、純粋に釣技の向上に努めるべきだと思います。

ベルトに引き舟をセットし、タモを差し込んだ状態

タモ（シマノ　AYU ダモ S-2/2.5）
初心者にはより枠径の大きな 39㎝サイズがお勧め

●他･参考製品　【がまかつ】がま鮎受けダモ（素ダモ・39㎝）【シミズ】鮎ダモ テクノメッシュ TZ ソフト【ダイワ】鮎ダモ MS 競技 SP【モーリス】VARIVAS 鮎ダモ テクノメッシュ ソフトタイプ

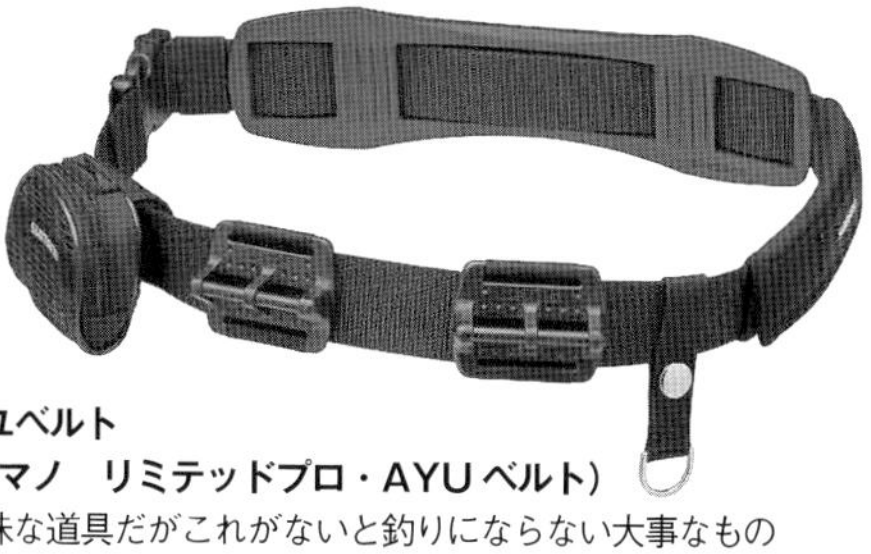

アユベルト
（シマノ　リミテッドプロ・AYU ベルト）
地味な道具だがこれがないと釣りにならない大事なもの

●他・参考製品
【がまかつ】鮎ベルト【ダイワ】スペシャル鮎ベルト

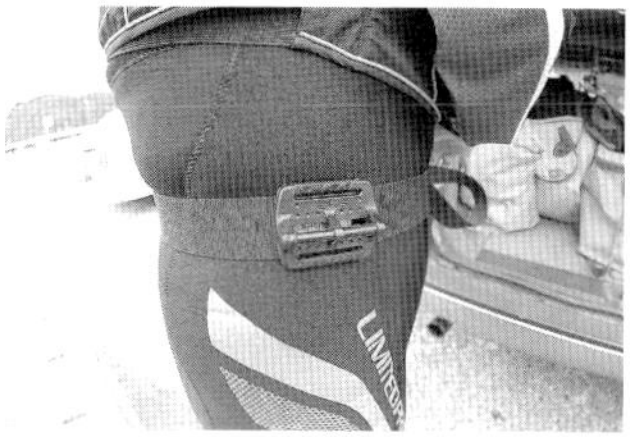

アユベルトはウエーダーやタイツの上から腰に巻く。通常はこの状態で後ろ側の隙間にタモを差し込む。正面のパーツは引き舟をセットするためのもの

アユベルトも必需品

アユのタモは玉枠の外側がツルツルしています。

昔は網を取り付ける〝かがり糸〟がむき出しでした。金属ライン仕掛けが登場した当初、この〝かがり糸〟に金属ラインが接触してハナカンの上30㎝くらいでキンクする現象が頻発しました。その後、内側で網を留める工夫などで問題は解決されました。

「袋ダモ」といって下部が袋状で水が抜けない製品もあります。アユをタモへ入れて移動できるので便利ですが、主流は全面網目の「素ダモ」です。

タモは実際に使うとき以外は、引き舟と同じように専用ベルトに差しておきます。

ベルトには飲料水やオモリポーチなどを携行できるホルダーやD環などが付いています。専用ベルトは地味な道具ですがアユ釣りの必需品です。

「友釣りマン」になる専用ウエア ①

タイツ&タビ、ウエーダー

自分に最も適したタイプを選ぼう

保温力のウエーダー、機動力のタイツ

河川へ立ち込んで釣ることが前提のアユ釣りで最も大切な身支度といえば、足回りです。

●タイツ&タビ

特徴＝足首から腹部までのタイツとタビを組む。タイツは2・5㎜厚が基準で、3㎜厚のほうが感覚的には温もりがある。盛夏の競技では1・5㎜厚で動きを優先することもある。

フェルト底のタビは滑り防止のため。つま先は中割だけではなく中丸タイプもある。中割れは日本人にとって歩きやすく親指に力が入るので水底を捉えやすい。

利点＝機動性が高く、潜っても問題なし。盛夏は涼しい。

弱点＝濡れるので体温が奪われる。

●ウエーダー

「一体型」の特徴＝スリム（フィット）ウエーダーは、タビまたはインナーブーツと一体化したもの。初期～盛期前、晩秋以降の低水温期はタイツ愛用者も着ることがある。素材はネオプレン（商標名。正式はクロロプレン。強度、耐薬品性、耐熱性に優れた合成ゴム）。私は3・5㎜厚を履いている（人体は暑さよりも冷えるほうに弱い）。

利点＝水に触れないので身体が冷えにくい（私も愛用）。

欠点＝タイツよりは動きが鈍る。ちなみにナイロンやゴアテックスのウエーダーはハリが刺さると浸水するため、アユ釣りには不向き。深場で転ぶと浸水してビショビショになるだけでなく立ち上がりづらくなったり、最悪は風船状態（逆立ち）になって流される。流心に立ち込むには向かない。

インナーブーツタイプの特徴＝ウエーダーとウエーディングシューズを着用する。フィットウエーダーやドライタイツと呼ばれるネオプレン生地が主流で、足先はソックス状になっている。ソックス形状が中丸、中割のどちらかでシューズの形状も決まる。

利点＝タイツとウエーダーの中間的な製品。濡れないので身体を冷やさず、ウエーダーよりも動ける。

欠点＝履き物の着脱が面倒。シューズは重くて足元がゴツくなる。タビは石が間に入って傷んでくる。

各製品にはサイズの統一表記がなく、裁断方法も立体や平面で差が出て、製品間で実寸が異なってきます。購入前に試着することを勧めます。

シューズ（シマノ　リミテッドプロ・ジオロック・3Dカットフェルトフィットシューズ）
ソックスタイプのウエーダーと組み合わせて着用

●他・参考製品
【がまかつ】ウェーディングシューズ
【ダイワ】F1スペシャルシューズ

ウエーダー（シマノ　リミテッドプロ・ジオロック・スリムウェーダー）
身体が濡れず冷えに強い（靴部と一体型）

●他・参考製品
【がまかつ】胴付ウェーダー
【ダイワ】スペシャルスリムウェーダー

シューズと組み合わせて着用するソックスタイプのウエーダー（シマノ　リミテッドプロ・フィットウェーダー）

●他・参考製品
【がまかつ】ドライアンダー
【ダイワ】スペシャルドライタイツ

タビ（シマノ　リミテッドプロ・ジオロック・3DカットフェルトAYUタビ）
タイツと組み合わせて着用

●他・参考製品
【がまかつ】鮎タビ
【ダイワ】スペシャルタビ

タイツ（シマノ　リミテッドプロ・タイツ）
タイツは機動力の高さが特徴

●他・参考製品
【がまかつ】鮎タイツ
【ダイワ】スペシャルタイツ

タイツ、ウエーダーの下にはそれぞれアンダータイツを

昔はタイツの製品アイテムが少なく、ダイビング用品店でカラフルなオーダータイツを作った人もいました。今はセンスもよくて動きの計算された釣り専用の製品が多数あります。サイズは身長と胴回りで決まり、たとえば某社で細い人はA、身長170㎝＝Lなので「LA」が適することになります。

タイツ、ウエーダーとも、保温効果を高めつつ着脱しやすくなるアンダータイツ（以下アンダーに略）と組み合わせて着用します。アンダーは一般衣料品で代用する人もいます。

価格的には「タイツ＋アンダー＋タビ（シューズ）」「ドライ＋アンダー＋タビ（シューズ）」の組み合わせよりも、「スリムウエーダー＋アンダー」のほうが安価に収まります。腰回りのアユベルトも、専用の固定機具が付いたもので身支度してください。

「友釣りマン」になる専用ウエア ② シャツ・レインギア・ベスト

スポーツウエア的な機能、デザイン、配色

真夏の水辺で着るので、衣類は濡れても速乾性に優れ、暑くない冷感タイプが人気です。シャツは腕を保護する長袖がアウトドアウエアの定番。袖の生地が多いぶん、肌触りのよさは気になります。長袖は虫さされ除けだけではなく、日焼けを防ぎ、結果的に疲労を軽減します。農作業に従事する人はほとんど長袖に手甲をしていますが、同様の意味です。

私たちの現代アユ釣りは、職漁目的とは別に、ゲームフィッシングとして確固たる地位を築きあげているので、衣類はスポーツウエアらしいデザインと配色が定番です。たとえば、赤色というのは新緑下に映え、ファッションに取り入れるとアクセントになりますが、釣り場の直射日光によって色あせやすい色でもあります。ところがアユ釣り用のウエアは、日差しで焼けて退色しない加工が施されており、おろしたてに近い状態で着続けられます。

レインギアもスタイリッシュですが、河川へ立ち込むことから、丈が短めになっています。

タイツで泳ぐような状況は別ですが、上半身は出ているので雨天などはジャケットを着用します。できればゴアテックス（防水透湿性素材）など、蒸れない生地が理想です。

蒸れないといえば、シャツの下へ「多機能（冷感、温感、速乾など）アンダーウエア」を着る人もいます。まあ夏の釣りですし、私は手甲もせず、上着はシャツとベストのみです。そのベストですが、渓流用と比べたら「ゴツい」と感じるはずです。

●ベストに求める機能・条件

収納力＝渓流用と大差はないが、アユ釣りはハリ、仕掛け、小物類のケースが多く、これらを収納する必要がある。肩パッド＝オトリ缶など背負うものがあり、負担を軽減する工夫がされている。ファスナー＝仕掛けが細いのでスライダー（特に柱部分）へ仕掛けが入ってしまわないようにファスナー部が保護されている。ピンオンリール金具部も同様。試着で仕舞いやすさ、出しやすさを要確認。防水カバー＝立ち込むため、濡れて起こり得る問題対策がなされている。通気性＝高価な防水透湿性素材でなくとも、背部をメッシュ生地にすることで清涼感を得られる機能がある。

レインギア、ベストはいずれも3～4万円の高級品から1万円以下まで、いろいろあります。

シャツ（シマノ　フルジップロングスリーブシャツ）
釣り専用製品は吸水速乾性・UV カット・ストレッチ性など、スポーツウエアとしての機能を備えている

●他・参考製品
【がまかつ】2WAY プリントジップシャツ
【ダイワ】スペシャル アイスドライ ジップアップ長袖メッシュシャツ

ベスト（シマノ　ウィンドストッパー 2WAYベスト・リミテッドプロ）
優れたベストほど着たときにその違いを実感できる

●他・参考製品
【がまかつ】ハーフメッシュベスト
【ダイワ】スペシャル ウィンドストッパー　ショートベスト

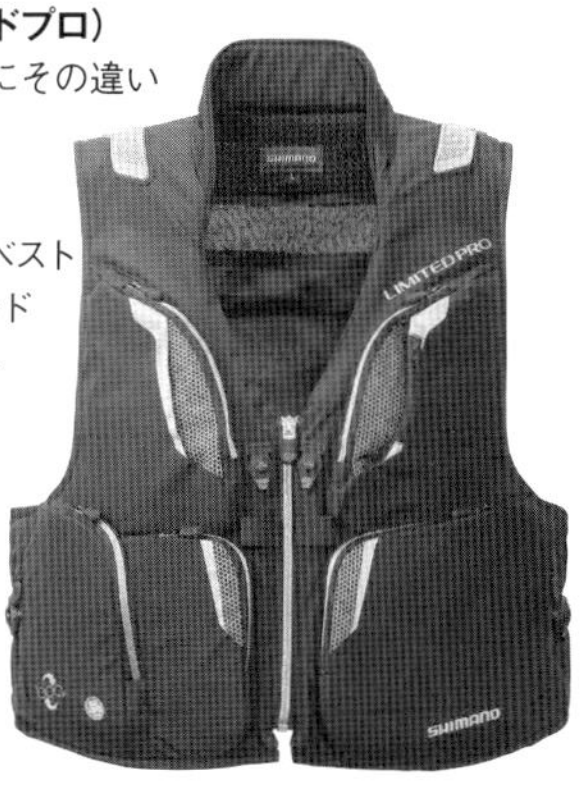

レインギア（シマノ　ゴアテックス　ショートレインギア・リミテッドプロ）
水に立ち込むアユ釣りではショート丈が便利

●他・参考製品
【がまかつ】ゴアテックス　ショートレインギア
【ダイワ】スペシャル ゴアテックス　超ショートデタッチャブルレインジャケット

アユベルトも活用する

最初は廉価品でもと妥協しやすい衣類ですが、サオと同様にトップモデルは流行とは別の意味で、飽きのこない着心地が約束されています。

特にベストは、使い込むことで「どこに何を入れるべきか」慣れるものでもあり、高級品を長く使うのも手です。防水加工ポケットにクルマのキー、サオ栓入れ、鑑札入れ……ベストを買い換える度に「どこだっけ？」では煩わしいです。

飲料水、オモリポーチなどは、アユベルトのホルダーやD環へも装着できます。引き舟の固定やタモを差しておくといった本来の用途以外の機能も利用すると便利です。

最後に、ウエア類はメーカーごとにカラーコーディネイトがされているので、身につけるブランドを統一すると、名手のように格好よく見えます。

「友釣りマン」になる専用ウエア③

偏光グラス＆帽子

テキトーに選ぶと釣り場で大きな差が出る

偏光グラスは軽視せずに良品を

アユ釣りでは反射する水面付近の目印を見つめる以外に、水中の石を確認することも大事です。こうした環境下では偏光グラス（PL＝Polarized）は欠かせません。

石を見るのは野アユが食んでいる様子だけではなく、足元を確認する意味もあります。レンズカラーは黒やグレー、水の中を見るのに適したレンズの色としてはブラウン（茶色系）が一般的です。色認識は個人差がありますから、レンズを通して目印がどう見えるのかも確認したいところです。釣り具メーカーからも多くの偏光グラスが発売されており、釣具店で購入することも可能です。

最近は夏季になると激安ディスカウント店舗などで、専用ハンガーに偏光グラスが吊してあり、PLと表記されている場合があります。しかし、私としては安いメガネは粗悪な樹脂製でレンズ成型の精度が低く、曲率も不均一で眼精疲労の原因となり、目に悪いと考えます。

特に度付き偏光グラスの場合、レンズの光軸、つまり芯が瞳を捉えているのか、きちんと専門店で検眼して購入することをすすめます。

レンズは、ガラスとポリカーボネイトなどの樹脂レンズ（以前はプラスチックレンズとも呼んだ）が選べますが、一般的にガラスレンズは傷に強く、樹脂レンズは軽量であることが特長です。近年はMC（マルチコート）の開発が進み、樹脂レンズでもかなり丈夫なコーティングが可能になりました。

ガラスレンズにソリッドフレームという組み合わせは、普段メガネをかけていない人は慣れるまで重さで耳や鼻が痛くなる場合があるので、軽量フレーム＋樹脂レンズの組み合わせが無難でしょう。

偏光性能に差はないので、どちらを選ぶかは個人の好みに委ねます。

偏光グラスを作るときには釣りを理解した専門店を勧めます。希に、偏光グラスに水が付いたことからレンズに水が染み込み、干渉縞が滲むなどして使えなくなる場合があります。こういうレンズはメガネ店の超音波洗浄器に入れても壊れてしまうので、専門店であればまず安心ですが、念のため「防水」を確認して下さい。

帽子（シマノ　ベーシックハーフメッシュキャップ）
現代のアユ釣りでは半メッシュのベースボールキャップが主流

●他・参考製品
【がまかつ】ハーフメッシュワッペンキャップ
【ダイワ】ハーフメッシュキャップ

偏光グラス（シマノ　撥水レンズ交換式フィッシンググラス　S60X　PC）
レンズの機能を充分発揮させるために、フレームもしっかりフィットするものを選びたい

●他・参考製品
【がまかつ】偏光サングラス
【ジールオプティクス】ネイキッド
【ダイワ】ポリカーボネイト変色調光偏光グラス
【ティムコ】サイトマスター セブンツーブルー PRO
【山本光学】SWANS ヒーローシリーズ

帽子は視界確保と日除け、サングラスは視認性を高めてくれる

帽子は
ベースボールキャップが主流

遠方を望むとき、人はよく敬礼のように手を額にかざします。この姿勢から、帽子が視界確保に有効だと分かるでしょう。アユ釣りでは野球帽スタイル、ベースボールキャップが主流です。アユ釣りが度々登場する矢口高雄さんのマンガ『釣りキチ三平』の主人公、三平君は、麦わら帽子がトレードマークでした。ツバの大きなハットタイプは炎天下でも涼やかですが、サオを担いで移動する場合、不慣れなうちは難があります。そこで日除け部分のツバが広く、後部は通気性に長けたメッシュタイプのキャップが好まれるようになったというわけです。

最近はスポーツバイザーもあり、これも広く大きなツバが直射日光から目を保護して、視界が確保されます。一般にサンバイザーで通り、風で飛ばされないことも利点です。

その他の道具類 仕掛け入れ・ハサミ・クーラー etc.

「あると便利」から、やはり必需品まで

高度に発達した アユ専用仕掛け入れ

●仕掛け入れ

ハリケースは、イカリバリ、チラシバリ用以外に、チラシ・ヤナギ・イカリ・ハナカン周りまで収納可能な製品もあります。これらはベストへ入れて持ち歩くことを前提にしており、薄型設計が基本です。そのうえで3本イカリ9号（4本イカリ7・5号）までを40本収納できたり、イカリの結び目が浮くようにスポンジの厚みを薄くして使いやすさを追求するなどの製品が見られ、隅々まで工夫がされています。

仕掛け巻きケースは、メーカーが市販仕掛けと互換性を持たせている場合にはスプールごと収納できます。

●ハサミ

ハサミやラインカッターは、取り出しやすさと紛失防止を兼ねてピンオンリールに装着します。最初からセットになっている製品もあります。釣り専用ハサミは、防錆対応のほか、各素材のラインを切りやすいように特殊刃加工がなされています。

仕掛け作りではハサミの切れ味が大変重要ですが、完全仕掛けだけを使うのならラインカッターでも充分です。

大きなバッカンを車載しておくと便利

●クーラー

釣り専用製品は、比重が0・93～0・96と小さく軽量に仕上がるPP樹脂（ポリプロピレン）に、発泡ポリスチレンやノンフロン発泡ウレタンと真空パネルを組み合わせたタイプが主流です。

シマノ製品を例にすると、18ℓタイプで500㎖ペットボトルが15本、板氷1枚に同ボトル11本が入る容量です。また、肩に掛けられるショルダーベルトがあると楽です。

●防水シート

レジャーシートのようなものは、持っていると着替え時などにも便利です。クルマ用の防水シートカバーは、ウエーダーのまま車に乗ってもシートが濡れず汚しません。

●バッカン

私も幅が50㎝ほどある大容量のバッカンを車に積んでいます。濡れた物をまとめて入れられる、濡らしたくない物をあらかじめ入れておく、そんなキャリーケースとして大変便利です。専用バッグを選ぶのもよいでしょう。

ハリケース
（シマノ　鮎・針ケース3、4本用）
3本イカリ9号までを 40 本収納可能

●他・参考製品
【オーナーばり】ベスト錨ケース
【がまかつ】錨ケース
【ダイワ】鮎匠シリーズ
【ヤマワ産業】タックル・インジャパン
アユ・イカリケース

ラインカッター
（シマノ　ピンオンリール〈ラインカッター付き〉）
写真のように最初からピンオンリールとセットになった製品もある

●他・各社オリジナル製品あり

仕掛け巻きケース
（シマノ　仕掛け巻きケース Quattro）
指定の仕掛け巻きスプールが4個収納可能

●他・参考製品
【オーナーばり】ベストマットケース
【ヤマワ産業】タックル・インジャパン
アユ・マルチプルーフケース

専用バッグ
（シマノ　シンプル トートバッグ）
防水バッグがあると濡れたもの、濡らしたくない物の収納に便利

●他・各社ユーティリティーバッグ等あり

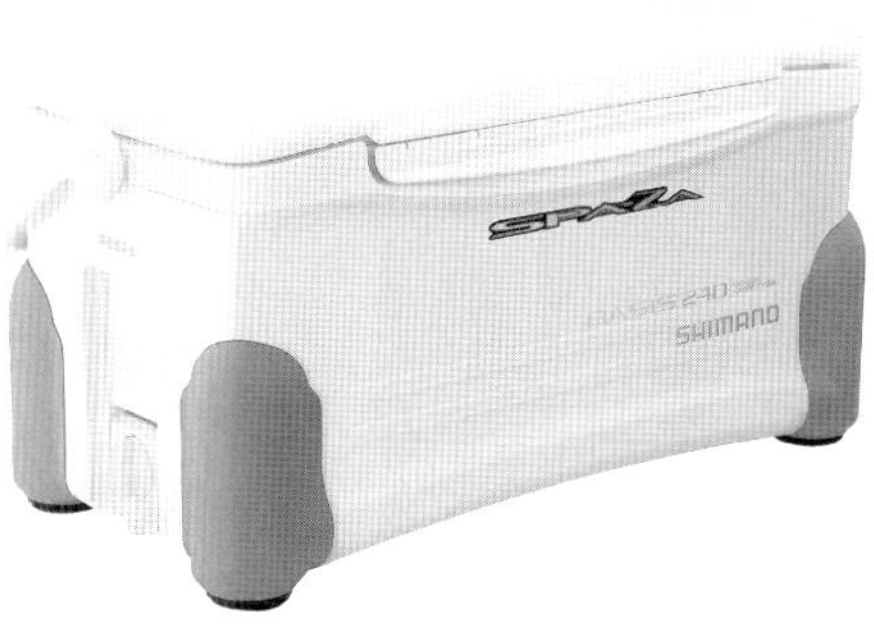

クーラー（シマノ　SPA-ZA BASIS 240）
選ぶ際は容量に注意。20 ～ 24ℓサイズがお勧め

●他・参考製品
【ダイワ】DAIWA RX シリーズ

メーカー別おススメ

アユ釣り入門タックル&ウエアスタイル

これからアユ釣り道具を揃える人は、1つのメーカーに絞って選ぶという手もある。デザインやカラーリングなどに共通性があり、カッコよく決まること請け合いだ。もちろん自身のセンスで複数のメーカー製品を組み合わせるのもOK。選択に悩んでいる方もこの項で悩み解消！

【がまかつ】

●シャツ
2WAY プリント
ジップシャツ
GM - 3304

●レインギア
ゴアテックス
ショートレインギア

●ベスト
ハーフメッシュベスト
GM-2297

●ウエーディングシューズ
鮎シューズ

●タビ　鮎タビ

※ウエーディングシューズを併用するソックスタイプのウエーダーのカテゴリー表記は各社で異なるため、ここでは「ソックスウエーダー」としました

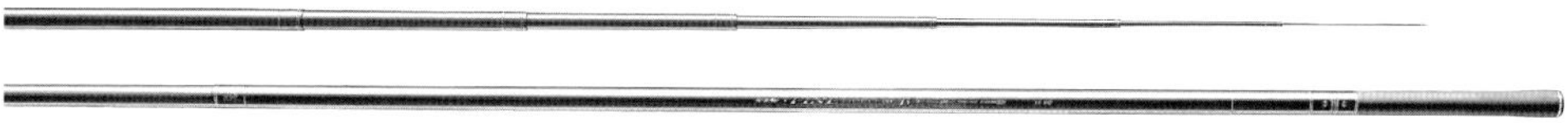

●サオ　ファインスペシャルⅢ

●タモ
がま鮎受けダモ
（素ダモ・オーバーフレーム仕様）

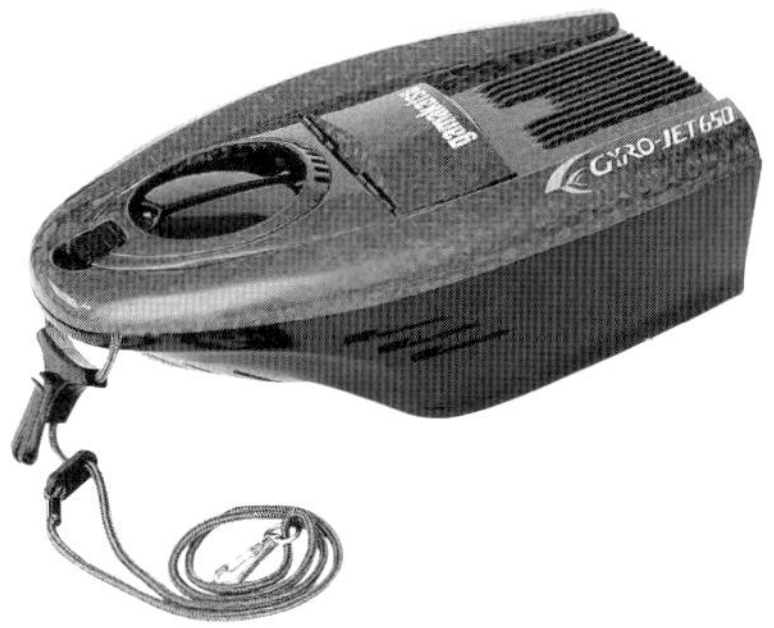

●引き舟　鮎舟ジャイロジェット 650

●ベルト
鮎ベルト（幅広・ワンタッチタイプ）

●タイツ
鮎タイツ　GM-5791

●ソックスウエーダー
ドライアンダー　GM-5773

●ウエーダー
胴付ウェーダー　GM-5770

【シマノ】

●ベスト
ドライシールド 2WAY ベスト

●レインギア
ドライシールドレインジャケット

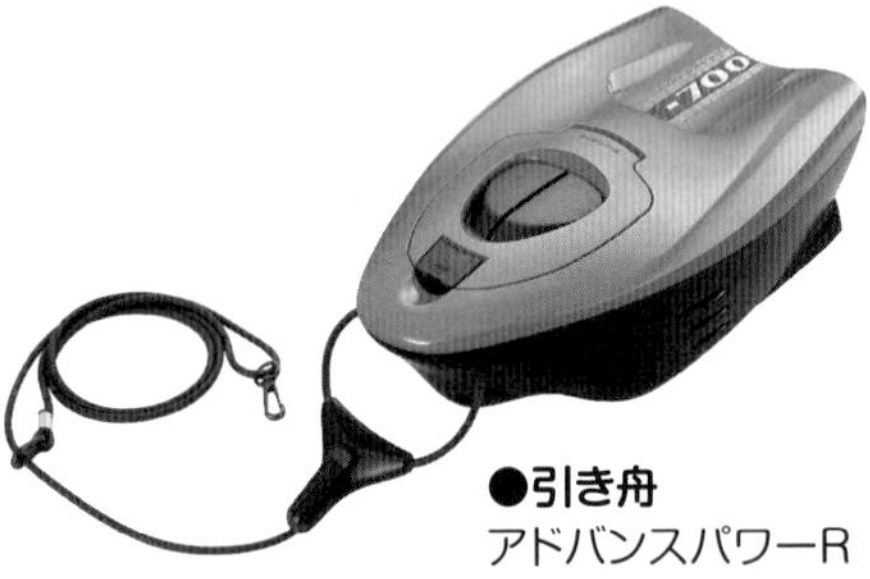

●引き舟
アドバンスパワーR

●タモ
鮎タモ　COMPE EDITION Type-S

●シャツ
シマノ・ウィックテックスー℃
ジップアップシャツ・リミテッドプロ

●ソックスウエーダー
フィットウェーダー

●ウエーダー
ジオロック・スリムウェーダー

●タイツ
ネクサス・鮎タイツ
T-2.5

●タビ
ジオロック・カットフェルト
鮎タビ

●ウエーディングシューズ
ジオロック・カットピン
フェルトフィットシューズ

●サオ　先掛　MI NL

●ベルト
リミテッドプロ・AYU ベルト

【SHIMOTSUKE（大橋漁具）】

●**レインギア**
鮎 2WAY ショートレインⅡ

●**シャツ**　ネオブラッドシャツ

●**ベスト**
NEB ネオブラッドベスト HS

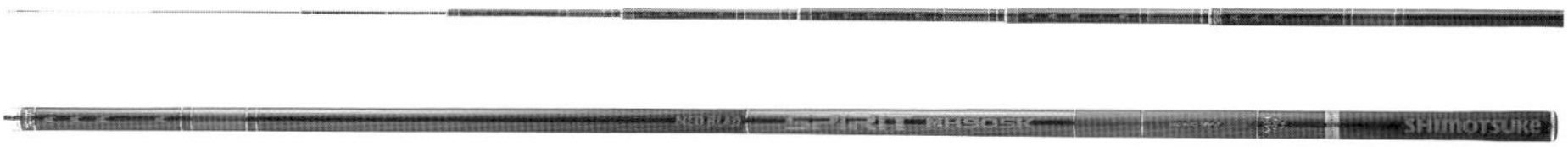

●**サオ**
ネオブラッド　スピリット
MH90SK

●**タモ**
MJB 鮎手網テクノソフトカーボン

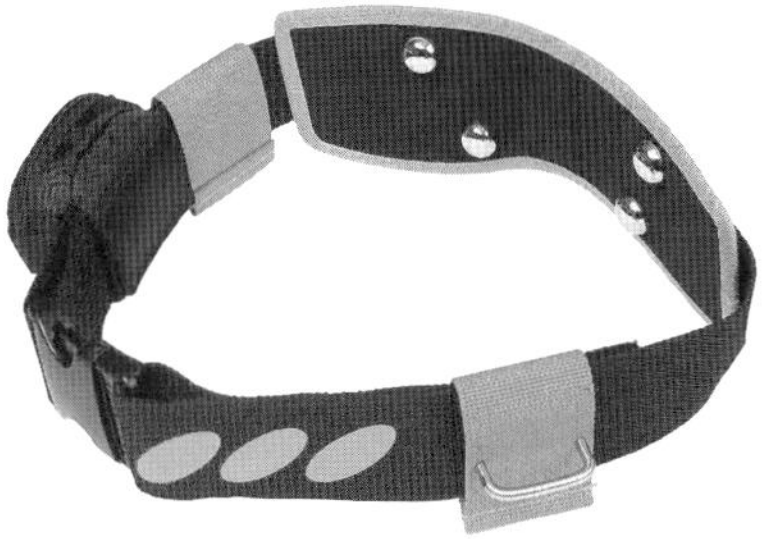

●**ベルト**　3WAY ベルトⅢ

●**タビ**
MJB JF シューズ
BCNS 先丸・中割

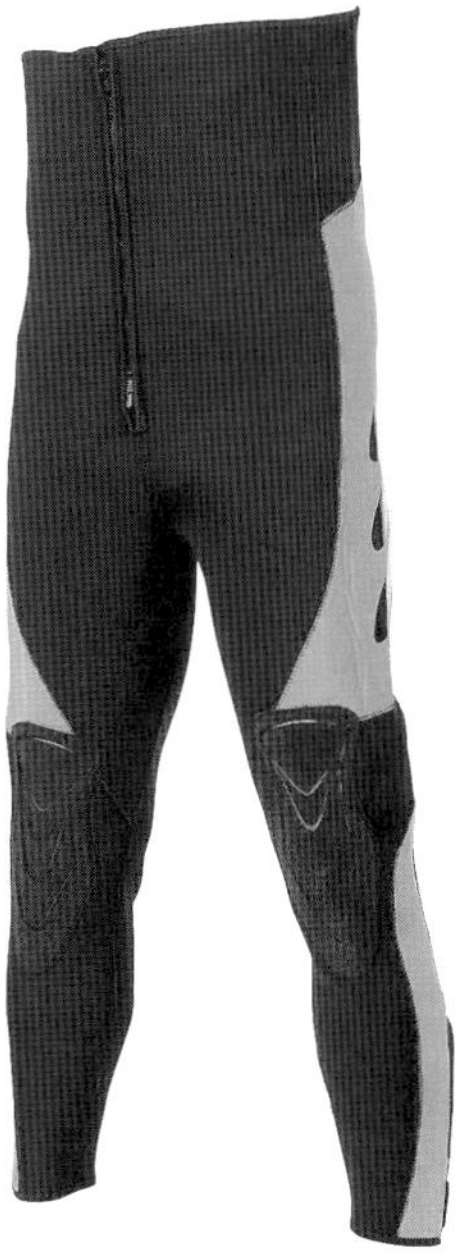

●**タイツ**
MJB フィットタイツ RB

●**ウエーダー**
MJB スリムウェーダー
STD DR

【ダイワ】

●ベスト
バリアテック　メッシュベスト

●シャツ
スペシャル　ウィックセンサー
ジップアップ長袖メッシュシャツ

●タイツ
プロバイザー　タイツ

●レインギア
スペシャル　ゴアテックス
超ショートデタッチャブルレインジャケット

●サオ　銀影エアA

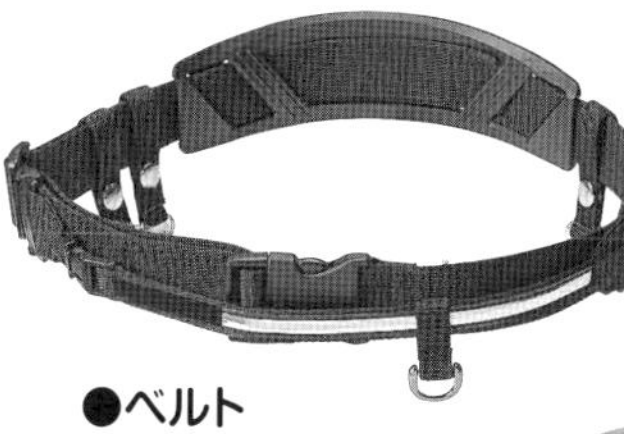

●ベルト
ダイワ鮎ベルト

●引き舟
友舟 AX-700

●タモ　鮎ダモMS

●タビ
プロバイザー　タビ

●ウエーディングシューズ
ダイワライトシューズ

●ウエーダー
プロバイザー
スリムウェーダー

●ソックスウエーダー
プロバイザー
ドライタイツ

仕掛け

初心者は「作る」より「買う」時代

完成仕掛けでまずはチャレンジ！

完全仕掛け。これがあればアユ釣り初心者でもすぐに釣りを始められる

●他・参考製品
【オーナーばり】プロ完全仕掛複合
【がまかつ】メタブリッド パーフェクト仕掛け
【ダイワ】メタコンポⅡ AS 完全仕掛け
【サンライン】ハイブリッドメタル鮎仕掛完全版
【モーリス】VARIVAS ハイブリッドメタマックス 完全仕掛け

掛けバリはハリ先が命。専用ケースはハリ先が傷まないように考慮されている

仕掛けは作らず丸ごと購入

完成仕掛け、完全仕掛けと呼ばれるアユ釣りの市販品仕掛けは、専用スプールに巻かれて仕掛け巻きケースに収納されています。出しやすいだけでなく、ケースに収めたスプール部分を回転させることで仕掛けがきれいに巻けるため、ヨレが防げて片付けやすい利点があります。自分の使いやすい仕掛けケースがあるなら、それに巻き直すのもいいでしょう。ケースの選び方は釣具店、または仲間の口コミを参考にするとよいでしょう。

　ハリス付きハリの市販品は、パッケージを簡易ケースとして使えるように取り出しやすくできています。さらにこのパッケージを開き、ハリが固定されている下地や台紙部分ごと外して、互換性のあるケースへ収納することが可能な製品もあります。ケースに移すことで防水され、ハリスも傷みません。

ハリス付きハリは1日分というパックもあります。3本イカリ（6・5〜7・5号）14組入り、4本イカリ（6・5〜7・5号）12組、あるいは3本イカリ16組（5・5〜8・0号。8・5〜9・0号などは14本）、4本イカリ（5・5〜8・0号）14組、などといった具合です。ハリス部も、フロロカーボン製や両端が太いダブルテーパー（1・8・0・8・1・2号など）などが選べます。

　これらの製品は高性能・高水準で、トーナメントで活躍するプロ用のパッケージも発売されており好評です。プロパックは3本イカリ48組（8・5〜9・0号は42組）、4本イカリ42組といった内容です。釣況に対応するため、6・0号と6・5号など2サイズの号数を1パックにした製品もあり、例を挙げると3本イカリで18＋18＝36組、4本イカリで15＋15＝30組といった組み合わせです。

　また、ヤナギ仕掛けも市販品があり、私も愛用しています。

釣行経験が少ない初心者は、「この本数で本当に足りるのか?」という不安もあるでしょう。仮に初心者が1日釣りをして10〜20尾を掛けたとします。それで、おそらく消耗するのは2〜3組程度。1シーズンで10回釣りに行けたら、かなり頻度の高いほうなので計20〜30組。40組以上入っているプロ用のパッケージを1つ買えば、その年は余裕で足りることになります。

市販仕掛けは経済的!?

　1日分パックでも3〜4日は釣行可能なことが理解できたと思います。ハリメーカーには台紙の移動ですっきりと収納できる専用ケースもあり、これを利用すると、あたかも自分が巻いたかのような優越感が得られます。

　バラ製品は72〜96本、チラシで36本などのパックですが、トーナメントなどでハリスとハリの組み合わせを決めたいなどと望まない限り、今時は自分で巻くことを考えなくてもよいと思います。高価な専用ハリスと、同一形状でたくさんの本数が入っている製品を無計画に数種類買っても、きっと全部は巻かないでしょう。使い切れる数で自分の釣りに合った種類を見極めてからのほうが経済的です。何しろ初心者が、製品レベルまできれいに巻くことは難しいと思います。

ハリの選び方

　細かく解説すると、きっと入門者を悩ませてしまうでしょうから、ハリス付きハリが選べるくらいの知識として、大きく分けて説明します。

　まずハリ先を見て、そこから延長線を引いた先にチモトがある場合、水中でのバランスがよい傾向があります。するとハリ先は内向き形状がよいことになりますが、一方で外向きに開いたほうが魚との接触確率は高いのです。

　つまり大別する条件として分かりや

すいのは、ハリ先の開き具合で判断するということ。両条件のすり合わせでハリの個性が表われます。外向きは「早掛けタイプ」と呼ばれますが、掛かりやすさとバレやすさは表裏一体で、製品開発のポイントでもあります。

●内向きタイプ

・**利点**＝バランスがよい。バレにくい。ハリ先が長く内向きの小バリは、ハリ先が傷みにくい。「キツネ」「長良型（忍）」は代表的形状。

・**弱点**＝ハリ先のカーブ（曲がり）がきついと掛かりが遅い。

●外向きタイプ

・**利点**＝早掛けが利く。ハリ先がストレートで、掛かりやすい。

・**弱点**＝支点と力点の位置（アユの掛かり方）によっては力を伝達する働きがブレてバレやすい。石を掻いたり、ハリ先が傷みやすい（石表面が滑らか、アカがしっかり付いている場所はハリ先が傷みにくい。流れのある小石や砂利底はナマクラになりやすい）。ハリを結ぶ場合、短軸になり巻きにくい。

●太軸タイプ

・**利点**＝丈夫で大アユなど良型ねらいに向く。身切れしにくい。

・**弱点**＝オトリアユも大きくないと負担で弱ってしまう。

●細軸タイプ

・**利点**＝オトリに対する負担が軽い。

・**弱点**＝比較すれば強度に差があり、大アユが掛かると折れたり、開いたりする危険性がある。ケラレやすい。

当然ですが、ここで挙げた条件の中間タイプもあり、個性は平均的になります。カタログや専門雑誌の広告にはハリのシルエットが掲載されているので、定規を当ててハリ先の向きなどを確認するとよいでしょう。

イカリの本数は好み

まず先に「新品のハリが、どれだけ鋭いか」を、親指の爪に当てるなどして引っ掛かり具合を把握してください。イカリが3本または4本だろうと、1本が傷めば交換するのが基本です。

●3本イカリ

・**利点**＝軽い、根掛かりしにくい、バレにくい。

・**弱点**＝4本イカリと比較すると掛かる率は低い。

●4本イカリ

・利点＝掛かる率が高い。

・弱点＝重い。

●ヤナギ・チラシ

・**利点**＝掛かったらバレにくい。軽いので根掛かりしにくい。

・**弱点**＝1本バリなので追われて掛かる方向が限られる。ただし、同じ方向に並べるだけでなく、上下方向でハリ先を見ると、3本使用で3本イカリのような配置にすることもできる。ハリスをわざとクシャクシャにして、ハリ先を不規則にしている名手もいる。

4本イカリは高い掛かり率で初心者向きといえますが、根掛かりが不安ならば3本イカリでもよいでしょう。

一般的な仕掛け

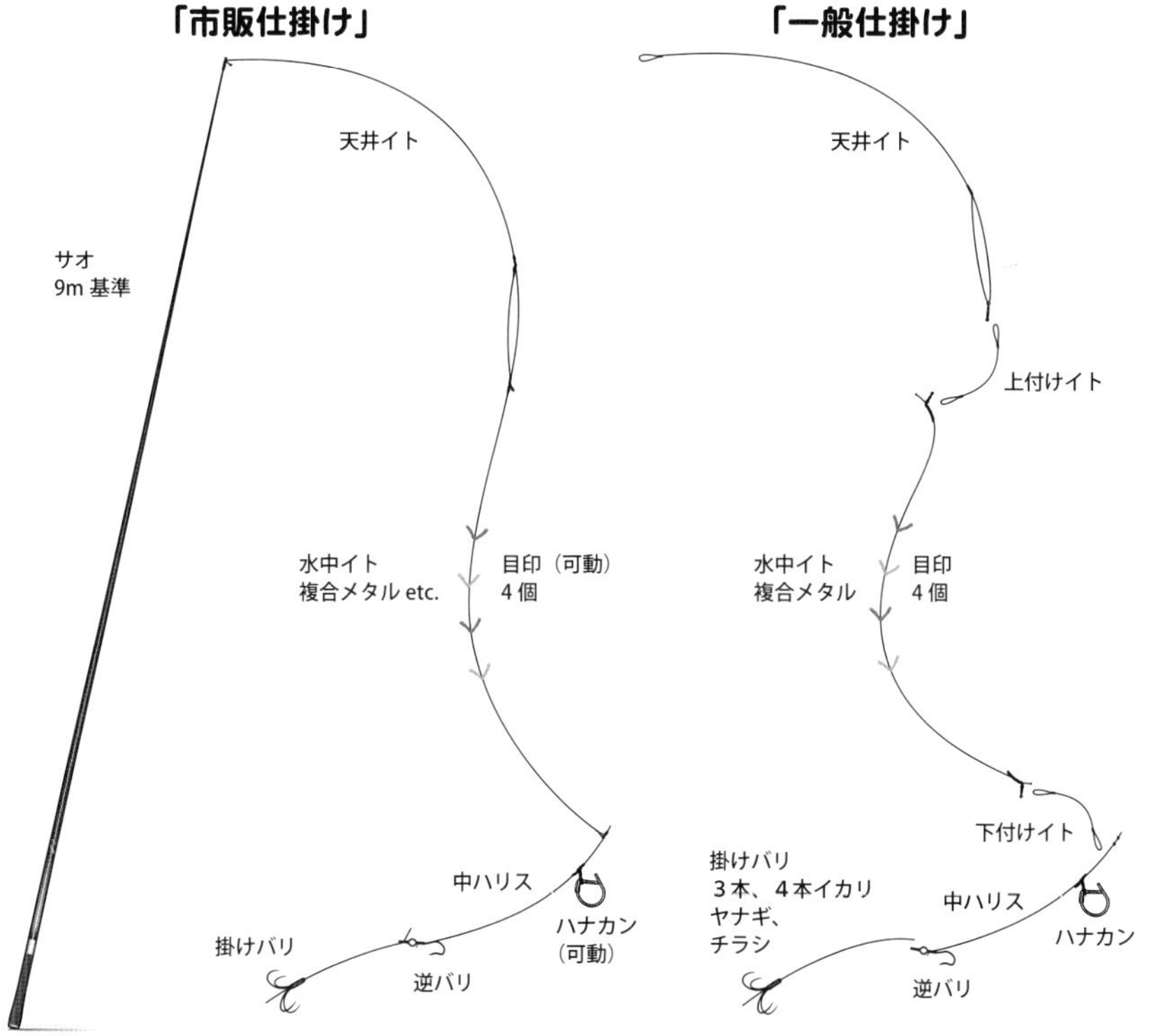
「市販仕掛け」
天井イト
サオ
9m 基準
水中イト
複合メタル etc.
目印（可動）
4個
中ハリス
ハナカン
（可動）
掛けバリ
逆バリ
「一般仕掛け」
天井イト
上付けイト
水中イト
複合メタル
目印
4個
下付けイト
掛けバリ
3本、4本イカリ
ヤナギ、
チラシ
中ハリス
ハナカン
逆バリ

ハリの特性

掛けバリ

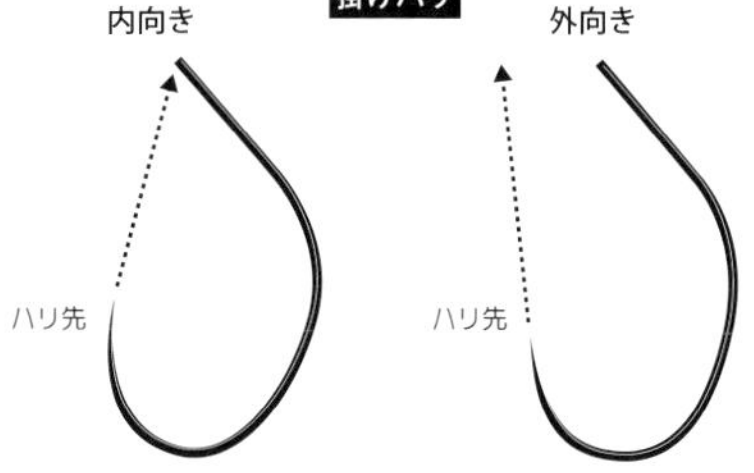
内向き
ハリ先
外向き
ハリ先

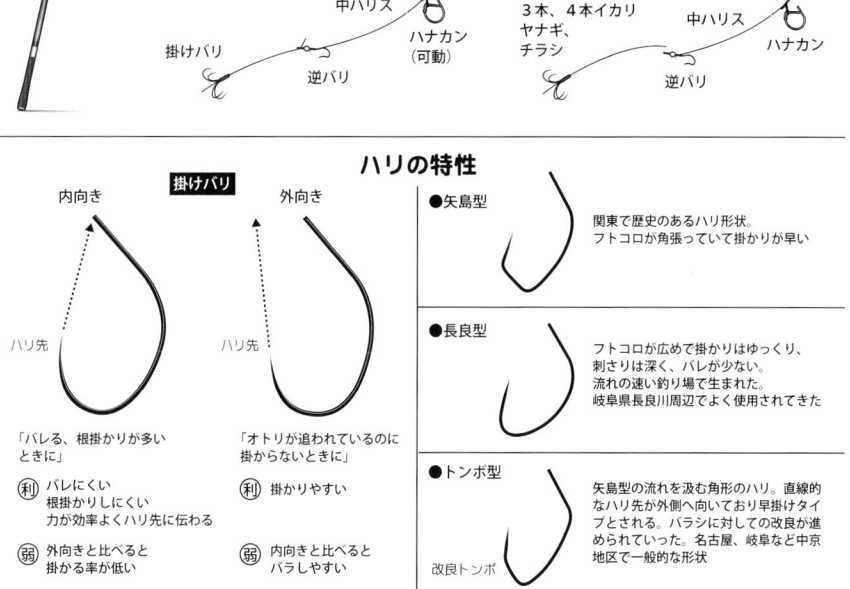

「バレる、根掛かりが多いときに」

㊕ バレにくい
根掛かりしにくい
力が効率よくハリ先に伝わる

㊗ 外向きと比べると
掛かる率が低い

「オトリが追われているのに掛からないときに」

㊕ 掛かりやすい

㊗ 内向きと比べると
バラしやすい

●矢島型

関東で歴史のあるハリ形状。
フトコロが角張っていて掛かりが早い

●長良型

フトコロが広めで掛かりはゆっくり、
刺さりは深く、バレが少ない。
流れの速い釣り場で生まれた。
岐阜県長良川周辺でよく使用されてきた

●トンボ型

改良トンボ

矢島型の流れを汲む角形のハリ。直線的なハリ先が外側へ向いており早掛けタイプとされる。バラシに対しての改良が進められていった。名古屋、岐阜など中京地区で一般的な形状

早見できる「ひと言」集

マストの“大道具”

①サオ

9mが基準です。試釣会やフィッシングショーなどのイベントへ行って実際に振り、アユザオの感覚に触れてください。サオの特性となるパワーと軽さの兼ね合いも、インストラクターやフィールドテスターの方などにたずねると、親切にアドバイスしてくれるはずです。

②引き舟・オトリ缶

一流メーカーの製品は成熟しており、壊れにくく長持ちするので、まず外れはありません。エアポンプが2台付けられるオトリ缶は長時間移動する場合に重宝します。

③タモ&アユベルト

引き抜いてキャッチしやすいタモの枠径は36～39cm。3cmの差は大きいので初心者には39cmを勧めます。ベルトは、タモ網を差して、引き舟のコードを付けるるだけでなく、D環やホルダーを介して小物や飲料をセットできる機能も兼ね備えています。

「友釣りマン」になる専用ウエア

①タイツ&タビ、ウエーダー

機動性を重視するならタイツを選び、身体が冷えないようにしたいのならウエーダーです。足下はシューズよりタビのほうが、親指に力が入るので転びにくいといわれますが、最近はシューズタイプを好む若い人が増えたように思います。

②シャツ・レインギア・ベスト

釣り具メーカーの長袖シャツは日焼けによる疲労を軽減します。レインギアはアユ専用品の場合、丈が短いのが特徴です。ベストは収納力とクルマのキーや携帯電話が入れられる防水仕様であること、そして担ぐ道具が多いので肩パッドなどの有無も確認しましょう。

③偏光グラス&帽子

視界を確保するために必要な道具です。偏光グラスは水辺での目の負担を考え、特に度付きの場合は専門店でしっかりと検眼して作りましょう。帽子は、サオを担ぐのでベースボールキャップタイプが便利です。

その他の道具類

仕掛け入れ・ハサミ・クーラー etc.

仕掛け巻きケースは「完全仕掛け」やハリス付きハリと同一メーカー品を用意することで、簡単に移し替えられます。ハサミは仕掛けを自作しないうちはラインカッターでも充分。釣り場では落下防止でピンオンリールにセットします。クーラーの容量は20～24ℓがお勧めです。

仕掛け

初心者は「作る」より「買う」時代

仕掛け作りは釣りの基本ですが、アユ釣り初心者は、市販の完成仕掛けで手っ取り早くアユ釣りを体験しましょう。自分で仕掛けを作るのは少し慣れてきてからでも充分です。イカリバリは好みでかまいませんが、初心者には根掛かりしにくい3本イカリよりも、ヒット率が高い4本イカリをお勧めします。

3章

実釣編

DVD連動

泳がせ釣りで野アユを掛ける

さあ、いよいよ川に出よう。オトリ店で入漁券とともにオトリを購入するところから釣りは始まっている。そして川に着いたら、アユ釣りならではの準備を1つずつ着実にこなすこと。無事にオトリアユを流れに入れたら、未体験ゾーンの釣りが始まる!

オトリアユを購入する

野アユを掛けるために元気な2尾を選ぼう

よいオトリ選びは、よいオトリ店選びから

ポイントに入る前に、まずオトリアユを手に入れます。オトリアユは釣り場近くのオトリ店で買えるので、その際に入漁券も併せて購入しましょう。

オトリを頼むと水槽から大きなタライへ5～6尾のオトリアユを出してくれます。タライの中から泳ぎ方や魚体を見て、気に入ったオトリアユを自分のオトリ缶に入れていきます。

オトリアユを買う手順と、選ぶ目安は以下のとおりです。

①手を濡らして冷やす。魚体を確認する際に触れるので、人の体温による魚へのショックを和らげる。

②アユに触れて傷や、病気の有無を確認する。腹がスレていたり、長く水槽に入っていてぶつけた口先が傷んでいるものは避ける。鼻や尾が白くなっていたら選ばないこと。タライの中でグルグル回って簡単につかまらないくらい元気に泳いでいるものがベター。

③オトリアユの大きさにバラツキがあるなら、オトリ店に「どのぐらいの大きさがいいですか」と聞いてみるのもよい。小さいオトリのほうが追われやすい、大きなオトリだと大アユがくるという人がいるが、あまり気にしなくてよい。また、浮き上がって暴れる魚よりも沈んで回っているものがよい。

④ときどき、なかなか選ばれずに水槽へ長居しているアユが存在する。他のアユに比べて色が違うので避けたい。濃い色は元気な証拠だが、不健康に焼けている魚は避けたい。

まとめるなら「簡単につかまらないくらい元気がいい」「鼻や尾が白くなっていない」「適度なサイズ」「沈んで泳ぐ」などです。

一般的にオトリアユは体力回復の休憩ローテーションができるよう、2尾を準備しますが、心配なら多めに買ってもよいでしょう。養殖アユは野アユに比べて体力の回復が早く、循環が停滞して野アユが限界に達したとき、引き舟で待機させていた養殖アユを〝再登板〟させられます。そのためにも、最初のアユ選びは重要なのです。

オトリ店は老舗で、できるだけ利用客の多い人気店を選びましょう。長く営業してきた店は、それだけ真面目に信頼される商売をしてきた証拠です。そして人気があることで養殖アユが高回転で入れ替わり、常に新鮮な魚が入っているものなのです。

オトリ店の軒先には大きな水槽とタライが常備してある

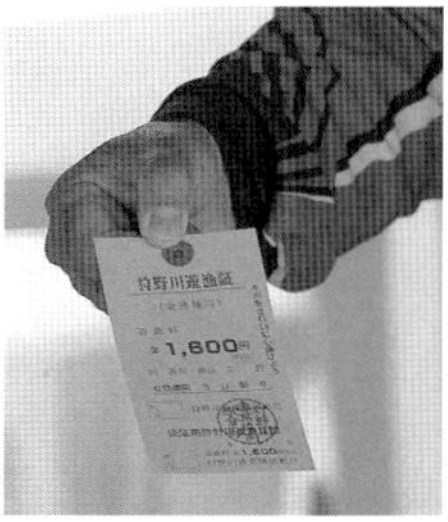

オトリと一緒に入漁証も購入。入漁証は見えるところに付けよう

オトリの持ち方。横に寝かせたり、無理につかもうとすると暴れてしまうので注意

オトリ缶を川に設置する

オトリ店と釣り場をつなぐ〝移動水槽〟

釣り場までの移動時は エアポンプを併用

オトリアユの運搬と釣ったアユの保管にも使用する道具がオトリ缶です。オトリ店でアユを入手するときにも必要ですから、車載するときは降ろしやすい場所にスペースを確保するとともに、置き場が濡れてもよいようにシートなどを敷きます。

私は、オトリ缶を余裕で収納できる大きなバッカン（磯釣りなどで寄せエサを入れる容器）を車載しています。混載してもバッカンによって常にオトリ缶の場所が確保され、ほかにも濡れたものを入れることができるので重宝します。もちろん専用の防水バッグでもOKです。

オトリ缶をオトリ店へ持って行き、アユを購入すると同時にイケスと同じ水を汲ませてもらいます。購入後、釣況を聞いている間にオトリ缶を沈めさせてくれる店もあります。

こうした店は釣行中の食事休憩などで立ち寄った際にも、水槽にオトリ缶を預かってくれたりします。ただしオトリ店ではイケスに沢水や支流の水を使用していることもあり、この場合は河川との水温差が大きく生じています。水温差は魚へ大きなストレスを与えるので注意が必要です。

温度差があるようならば、日陰に置いてオトリ缶に備え付けられたエアポンプを稼働させるほうが無難でしょう。なかにはオトリアユの活性維持を追求してAC電源の観賞魚用ハイパワー・エアポンプを使い、カーバッテリーを強化してインバーターを装備している人もいます。さらに神経質な人になると、車内の熱気をポンプで送ると水温管理ができないといって、エアコンの送風口に近い場所へエアポンプを置く話も耳にします。

過剰にオトリ缶へアユを入れすぎない限り、通常は傾かないようにして水温の管理さえ気にすれば、電池式エアポンプ（2台装着式もあり）で水中酸素量を維持できます。

オトリ缶は、上ブタを外すと格子状の中ブタが現われます。この状態で横倒しにして河川へ沈めるのですが、格子は水通しがよく、そのうえブラインドカーテンのように光は通さない設計になっていて、夏日に当てない配慮がされています。

陸へ上げたオトリ缶も、必ず日陰に置くようにしてください。

オトリ缶は流れの向きを見て設置する

流されないようにしっかり沈めて重石をすること

設置の際の注意点

釣り場に着いたら、まず真っ先にオトリ缶を沈めます。流れが直接取り込み口に当たると、中で回転流が起こってオトリアユを疲れさせてしまうので、オトリ缶の角を流れへ向けつつ、水通しよく斜めに受ける方向で沈めて重石をします。石を乗せられることを前提に作られているので、沈める程度の石では壊れません。

　オトリ缶は「水位の増減がなく、流れのあるところへ沈める」のが鉄則ですが、流されないように注意が必要です。重石以外に自作ネットで固定する名手もいます。また、雨上がりの急な増水で濁りが生じてしまい、オトリ缶を見失う人がいます。ダムのある河川は水位の増減が起こりやすいものです。気がついたらオトリ缶が干上がっていた、ということのないようにくれぐれも注意してください。

完全仕掛けをセットする

サオに仕掛けをセットするときの注意点、それはサオを置く場所

複合ラインの0・06号がお勧め

ここではシマノの「完全仕掛け」を例に説明します。この製品は中身がすぐ分かるようにパッケージで色分けされています。

「METAGAME 完全仕掛け」（緑色）は、オールマイティータイプ。水中イト部分が高強度新素材繊維のコアと強力タングステンワイヤーの複合ラインで、泳がせ釣り、引き釣りの両方ができます。浅場で、それほど流れが速くない場所に適します。金属でも軽い仕掛けですから、イトフケが出ます。

「METAMAGUNAMU 完全仕掛け」（赤色）は、同じ複合ラインでもより高比重に仕上げられ、流れが強い瀬釣りに向きます。

ナイロン仕掛けが基本だという人もいますが、現実的には吸水劣化や伸縮がないことを含めてトラブルが少なく、オトリも入りやすいので、初心者には前記した複合ラインの0・06号くらいをお勧めします。

以下は「METAGAME 完全仕掛け」0・06号の主なスペックです。

●9mザオにマッチする長さ設定でパッケージ（7・2〜10mのサオに対応）。天井イト、上下付けイト、中ハリスは高感度・吸水劣化が少ないフロロカーボンを使用。▼天井イト0・8号▼上付けイト0・6号▼下付けイト0・4号▼中ハリス1・0号。水中イトは複合メタルライン「メタゲーム」0・06号3m。他▼丸型オリジナルハナカン（オトリアユの姿勢が安定する）6・5㎜▼逆バリ3号。

下の部分は切断や縮れ、根掛かりなど、トラブルを起こすことがあるので、交換用仕掛けも用意しておくとよいでしょう。

仕掛けは細い割に強く、何10尾も釣らない限り充分持つとは思いますが、底掛かりや引き抜き時、仕掛けにゴミが付着したまま目印を動かすなどで傷んだら交換の目安です。

サオの置き場所に注意！

仕掛けの付け方ですが、慣れるまでは陸上で行ないましょう。サオを傷めないように、草の生えた河原で準備します。決して石の上に直置きしてはいけません。

生い茂った草をサオ掛け代わりにして、自分が動いて仕掛けの長さを調整

仕掛けを付けたら穂先から順にサオを伸ばす。ガタツキや途中で落ちてこないように各節をしっかり留めること。最初のうちは岸で準備するとよい

シマノの「完全仕掛け」。左が「メタマグナム」（赤）、右が「メタゲーム」

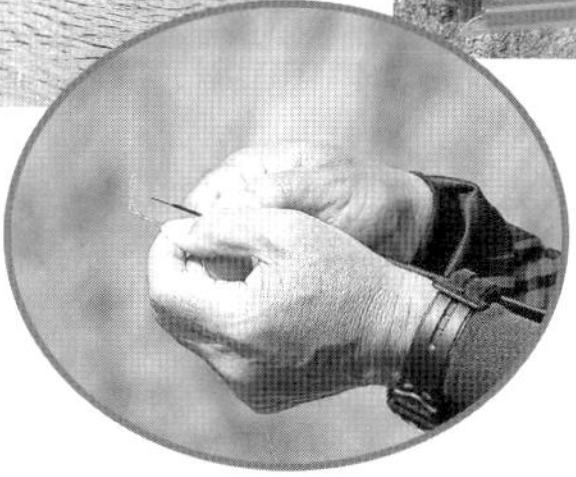

メーカーによってサオ先の形状や呼称が異なることもある（シマノでは「回転（超感）トップ」など）

仕掛けの長さはサオ尻からハナカンまで10～20㎝に調整する。魚の型が大きなことが予想される場合は手尻を詰める

タモにスプールを入れてから仕掛けを伸ばすのは落下・紛失防止のため

します。

●9mザオ×完全仕掛けの付け方

①サオ先の破損防止で上空へ向けて穂先を少しだけ出す（横方向にすると折りやすい）。タモの中に仕掛け巻きのスプールを入れ、サオ先に「とっくり結び」「なげなわ結び」、「ぶしょう付け」などで仕掛けを付ける。

②サオを伸ばしながら、仕掛けも出す。サオ尻から10～20㎝長めに調整して、逆バリはタモ網に掛け、仕掛けを張っておく。

③水深の1・5倍に第1目印（一番下の目印）を移動。上の3つは好きな間隔に広げる。

第1目印だけは沈めることもあるので、水抵抗を考慮して少し短く切るといいでしょう。

④自動ハリス止メ部分に掛けバリを付け、網に掛けバリを引っ掛ける。

タモと一緒にサオを持ち、タモを腰のベルトに差し、サオを肩に担いで準備完了。

オトリアユをセットする

ビギナーにとっては難関の作業。あわてず、あせらず、着実に

最初はタモの中で作業をしよう

沈めていたオトリ缶からタモにオトリアユを出し、1尾を残して引き舟へ移してください。このとき逃げられては大変ですから、最初は両手でアユを持ちましょう。

タモの中でオトリアユを付ける作業をすると網目にハリを引っ掛けてしまう危険があり、慣れると多くの人は網の外で行ないます。しかし、はじめのうちは逃がしそうで不安ですからタモの中で付けましょう。

このとき、アユの目を押さえる意識が強いと魚体を強く握ってしまいます。指だけを曲げてアユを支え、目に浸る程度の〝半身浴〟をさせるとおとなしくしています。

なおかつ、流れに対して魚の頭を上流へ向けます。逆にするとエラから水が入ってしまい、魚が苦しみます。

次にハナカンをつまみます。先端をオトリアユの鼻腔へまっすぐ押し込んで貫通させてください。ハナカンから逆バリまでの余裕は、逆バリが尾ビレの二又あたりにくるようセッティングしましょう。

さて、いよいよ肝心の掛けバリです。私たちの世代はその昔何百本も巻いたものですが、今は市販品があり、しかも1日分という単位で手に入ります。これをハリスケース、ストッカーに移します。今は6・5号や6号が主流ですが、尺アユねらいでは10号や12号というハリを使います。

完全仕掛けの最下部には自動ハリス止メと一体化した逆バリが付いています。ここに掛けバリのハリスを止めます。長さはオトリの大きさ、追われ方で違います。後方でジャレるようにして口の周りに掛かる状態なら長め、オトリに体当たりして掛かれば短め。

最初は「尾ビレの先端～掛けバリの先端まで指1本分離す」くらいが適当でしょう。

自動ハリス止メは、ハリスを片側だけ斜めに引っ張ると線で接するため強度が出ます。止め具を通した両側を持って引いてしまうとハリスが潰れるように点で接して弱くなります。余分なイトは切って整理してください。

動作の詳細はDVDで!

ここまでの、川に入って行なう基本的な手際は、動画で確認すると一層分

逆バリの打ち方3パターン

アユが掛かったらサオをタメて意図的に逆バリを外す。外れた瞬間、掛けバリに力が加わって追いアワセが利く（逆バリを深く刺しすぎるとオトリに傷が残り、バラシが続くと尻ビレの周囲が傷んでしまうので注意！）

●尻ビレのすぐ上に並んでいる小さな点のところに打つ

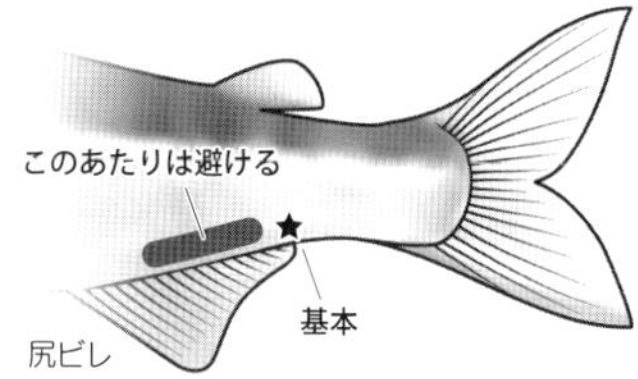
このあたりは避ける
基本
尻ビレ

ビギナーでも打つ場所が分かりやすく、石などを引っ掛けても外れにくい。打つ位置が前すぎるとオトリアユの泳ぎを妨げる恐れがあるので注意

●尻ビレの付け根にある小さな玉状の場所に打つ

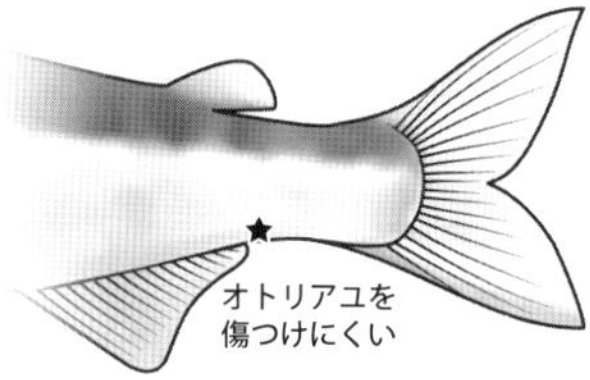
オトリアユを
傷つけにくい

尻ビレの尻尾側をよく見ると、付け根に小さな玉のようなところがある（脂肪の塊だといわれている）。ここに刺す。アユを商品としていた職漁師の知恵。流れの強くない場所での泳がせ釣りに適する。逆バリが外れやすいため水深があって流れの強い場所では不向き

●アブラビレの近くに打つ

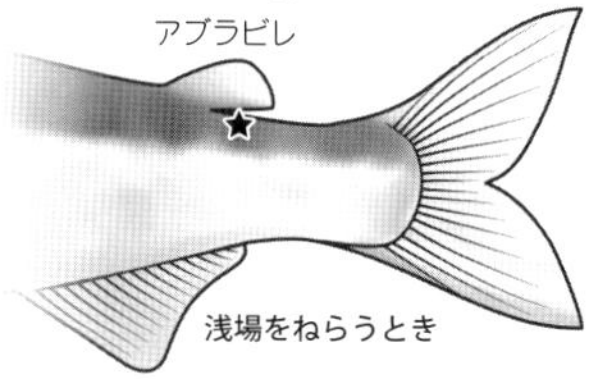
アブラビレ
浅場をねらうとき

オトリアユの背ビレが水面から出るほど極端に浅いポイントをねらうとき用。または、軽い掛けバリでも根掛かりするようなときに

かりやすいと思いますが、この段階で起こりやすい道具のトラブルがあるので紹介しておきます。

振り出しザオによくあることですが、伸ばしたときにしっかり回して〝込み〟を決めていないと、穂先が緩んでサオの中へ落ちてしまう「先落ち」という現象が起こります。こうなると尻栓を外して穂先を抜き、サオを完全に短く仕舞ってから穂先を入れ直す必要があります。

逆に、雨などで込み部へ浸水して固着してしまい、サオを仕舞えなくなることもあります。軽量化のためにサオは肉薄になっているので無理は禁物。まずは持ち帰られる長さに縮めて、自宅で空調の前に放置するなどして乾燥させた後、ふたたび込み具合を探ってください。

釣り具なので濡れるのは前提ですが、サオ以外、仕掛け巻き1つにしても、濡らさないようにしたほうが問題も起こりません。

中ハリス、ハリスのセッティング

準備の最終段階、これをクリアすればいよいよ釣りスタート

オトリの泳ぎを活かす長さ

アユの友釣り仕掛けには、ハリスという言葉で差す部位が「掛けバリ」と「中ハリス」の2ヵ所あります。

中ハリスは、ハナカンハリスまたはハナカン周りとも呼びます。最近、ハナカンはワンタッチタイプが一般的です。シマノの完全仕掛けにも「オリジナルワンタッチ丸型ハナカン」が採用されています。形状は真円に近い丸型で、オトリの動きがよくなるといわれています。

ハナカンのサイズはオトリの大きさによりますが、小さすぎると、扱いにくさから不慣れなうちはオトリアユを握りすぎて弱らせる不安があります。これは、逆に考えると慣れてくれば小さなハナカンを使いこなせるという意味です。養殖オトリが16～18㎝くらいとするなら主流のサイズは5～6㎜ですから、この大きさから始めましょう。

ここで挙げた養殖オトリの型から、逆バリとハナカンの間が想像できます。魚体をくねらす動きを阻害しない長さ＝アユの全長より少し短いくらいの長さとなるでしょう。

この部分が短いと、突っ張ってオトリアユの自然な泳ぎが損なわれ、長いと尾のほうへループが垂れてしまい掛けバリとのトラブル（エビと呼ばれる現象）を招きます。防止策として、オトリを付ける前にループになる部位をあらかじめ縒って、それから逆バリを打つ名手もいます。

次は掛けバリです。そういえば「ちょっと前まで、帽子にたくさん掛けバリを付けている人がいましたよね」と初心者に聞かれたことがあります。イカリバリと違ってチラシは邪魔にならないので帽子にいっぱい付ける人がいました。

使用ずみのイカリバリを帽子の内側の折り目へ入れている人もいます。

これは「使っているハリを隠したい」ための用心だったといわれています。中ハリスだけではなく、掛けバリ周辺にも何か工夫を凝らしていたのか、周りの人に秘密にしておきたかったのでしょう。

基本的な理論として、オトリアユがしっかり泳ぎ、尻尾を振ってくれないと掛けバリが下がって根掛かりしやすくなります。つまり、小バリや軽いハリを意識的に使っている人は、ハリを下げないように気遣っているわけで、

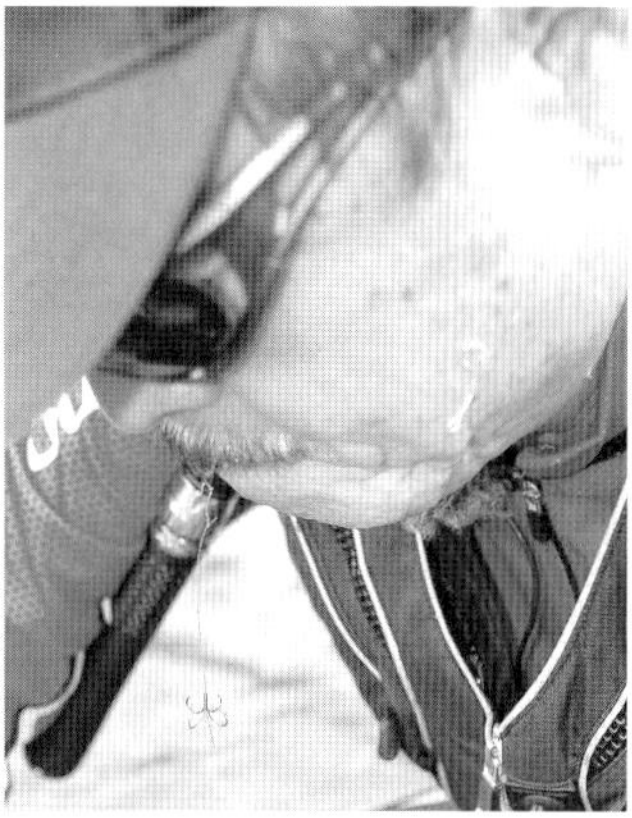

ハリを出したら、ケースは仕舞う。そのとき私はハリスをくわえておく（釣りって結構、口も使うんです。笑）ハナカン周りの中ハリスも風で飛ばされたり、落水紛失しないようにくわえる

掛けバリをハリケースへ移しておけば、扱いやすくなるだけでなく見栄えもよい

釣果を左右する重要な部分であることには間違いありません。

掛けバリ＝指1本の幅

掛けバリをオトリアユの尾ビレから何㎝後方へ出せばよいのか？　ということですが、ここでは基本になる「泳がせ釣り」で考えますから、短めがいい傾向です。

引き釣りではハリが垂れにくいのですが、イトをオバせ（たるませ）るスタイルで長ハリスだとハリが垂れて根掛かりしやすくなります。

基本は尾ビレの切っ先〜ハリ先まで「指1本分の幅（1〜2㎝）」にします。「オトリの近くに野アユがいるけどかからない」と感じたら長くしていきます。

長さが決まったら、逆バリの自動ハリス止メ部分に掛けバリのハリスを通し、片側のイトだけを引いて止め、余りを切ります。

送り出し&泳がせ釣り操作のABC

流れにオトリアユを放ち、泳がせて野アユの追いを待つ

イトの張り、サオの角度でオトリアユの遊泳姿勢が変わる

オトリアユの活きに任せてポイントへ泳いで行かせる「泳がれ釣り」と、釣り人側が積極的にオトリを操作する「泳がせ釣り」があります。

最初に記したとおり、本書では泳がせ釣りを解説していきます。

流れに放たれたオトリアユには仕掛けがセットされています。その抵抗を感じるとオトリアユは泳ぎだします。水中イトの張り具合を「オバセ」といい、釣り人はオバセをコントロールすることでオトリアユを元気に泳がせているのです。

このときイトの状態は「張らず、緩めず」が理想で、これが泳がせ釣りの基本の仕組みです。

オバセの状態とともに大切なことがもう1つあります。それは、オトリアユに直接つながっているハナカンの存在です。釣り人の意図するオバセの抵抗やサオの角度などの操作は、すべてこのハナカンを通じてオトリアユに伝達されることになるからです。

イトの張り、サオの角度でハナカンの「立ち方」が変化すると、それによってオトリアユの遊泳姿勢や反応が変わります。つまり、ハナカンにどんな刺激を与えるかが泳がせ釣りの「キモ」といってもよいでしょう。

さて、以上のことを念頭に置きながら、いよいよ仕掛けをセットしたオトリアユを送り出します。水面の空気を吸わせないように気をつけて、するりと水中に放してやりましょう。

このときサオは立てるのですが、オトリアユを吊り上げるような強い力を与えてはいけません。穂先に仕掛けがまとわりついていないか、サオと仕掛けが離れたのを、感触ではなく目視できる程度の張りを保ちます。

サオの扱いは、まず支える手はサオ尻を持ち、腰に当てるようにします。剣道の竹刀やゴルフクラブも同様ですが、小指を利かせてしっかり握ります。持ち手は支える手よりサオ先側にあり、このときサオの角度が水面に対して45度上空の状態を維持するように構えます。

元気がよいオトリアユは、自ら泳いで足下から沖へ出ていきます。なかなか出ていかなくてもあせって余計な刺激を与えず、できればオトリアユの意思で動き出すまで少し待ってみてください。

現実的に仕掛けは張っているが、感覚としては「張らず緩めず」の状態を保つ

オトリアユを水中へ沈め、泳がせたい方向へ向けて静かに放す

「サオは槍」という心構えで常に目印を捉える。この姿勢ならば、少しの変化でサオを立てられるなど鋭敏に反応できる

サオを正面へ45度の角度で掲げるようにように立てると、オトリは仕掛けに引かれて前へ出ていく

オトリが出て行かないときはどうする?

泳がせ釣りの利点は、「瀬、流れの緩いトロでも釣れる」「追い気が弱いアユだろうと根気よくねらえる」「オトリアユへのダメージが少ない」などが挙げられます。

繊細なオトリアユの扱いを要求されますが、入門者にとって基礎が学べるよい機会になります。

オトリアユが足下から出ていかないときは、まず川の流れに対してサオが直角に位置するように寝かせて構えます。そのままカニ歩きで数歩、上流へ向かって移動すると、物理的な要因や上流へ頭を向ける魚の習性でオトリアユが沖へ引かれます。そして目的の場所へ到達したら釣り人は元の位置（下流側）に戻り、サオの傾きを斜め45度上空に構え直します。こうしてオトリアユがポイントへ泳いでいったら、張らず緩めずを心掛けてください。

「十字の動き」でオトリを操作

基本的なサオの操作ですが、最初はサオを動かそうとせず、「イトの張りを維持できているサオの角度はそのまま、釣り人が動く」ようにします。

釣り人から与えられた「刺激」に対して、オトリアユが「どんな反応をして、どこへ泳いでいくのか」は経験則だけでなく、オトリアユ自体のクセにも関わるので、その都度対応を迫られます。よほど弱り切っていない限り、オトリアユが刺激を受けてジッとしていることはありません。しかし刺激を与えようと同時にいろいろとイジっては、何の刺激でアユが動いたか分かりません。そこで、私はサオの角度を固定して、釣り人自身が方向を定めて動きながら探る方法を推奨しています。

具体的には「立ち位置を中心に、1歩ずつ十字、前後左右の4方向」です。仕掛けはそれぞれ、前に出れば緩み（イトフケ）、下がれば張り、上流へ行けば引き、下流へ行けばオバセることになります。あたかもワルツやスクェア・ルンバの基本動作BOXダンスを彷彿とさせますが、この刺激で踊るのはダンサーではなくオトリアユです。

十字の動きによるオトリアユの反応が理解できたら、ここで1手を加えて「サオを寝かせて」みましょう。現状が分かっているなら、新たに1手ずつ増やしても理解の範囲を超えません。これが名手になると高度な進化を遂げており、まるでサオをうねらせるような操作法となります。〝ワルツ〟の基礎ができているからこその応用です。

さて、ワルツ動作でオトリアユが上がっていったとします。そこでサオ先を上がっていった方向へ向けます。正面に対しているほうが、掛けたときにやりとりがしやすいためです。

いよいよアユが掛かります。

アタリは基本的に向こうアワセで、追ってきて掛けバリに接触したり、ドカンと体当たりして掛かります。オトリに活性があると、大きなアタリ演出になる傾向です。

ここで、掛かったからとすぐにサオを立てるとバレる率が高く、「立てるの早いよ」とよく先輩たちから注意されます。

まだハリが野アユに乗っかっているイメージで、大事にサオ先を上流へ倒すように向け、しっかりハリ掛かりしてオトリアユの逆バリが切れ、野アユへ掛けバリが食い込んでサオに魚の抗う感触が伝わってきたら、サオを立てます。

逆バリが切れるまで待つ理由

オトリアユの逆バリが切れると、仕掛けの振り幅が大きくなり、野アユに食い込んでいる掛けバリの刺さりが深くなります。上流にサオ先を向けて姿勢を維持していると、橋の上で見ている人などから「掛かっているのが分かってないんじゃないか」といわれることがありますが、これはいささか早計。

アユ釣りは他の釣りと異なり合わせません。バラシを防ぐためにハリ掛かりを深くしているのと、サオの角度を低くしてのされないように構えている（ためる）のです。このとき野アユの挙動を把握するため、目印を追います。目印は視力や色識別などの個人差があるので、見えるのなら地味で小さく少しだけでもよいのですが、完全仕掛けには大きな蛍光色の目印が採用されています。

また、年配者は大きな目印を多数付けていますが、釣り人本人が見えることが大事なのです。

釣り人の「十字の動き」

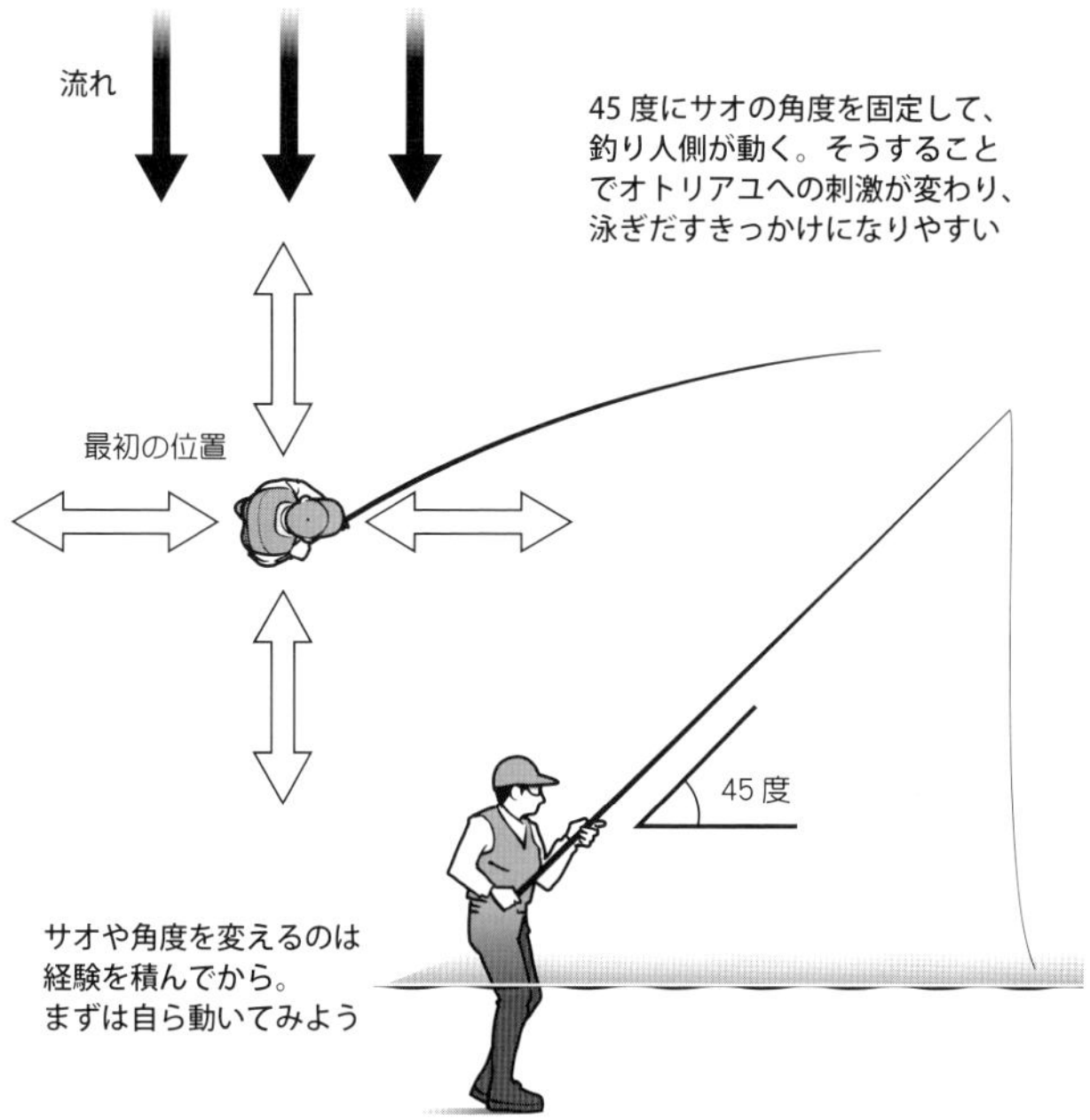
流れ
45 度にサオの角度を固定して、釣り人側が動く。そうすることでオトリアユへの刺激が変わり、泳ぎだすきっかけになりやすい
最初の位置
45 度
サオや角度を変えるのは経験を積んでから。まずは自ら動いてみよう

イトの張り具合とオトリアユの状態

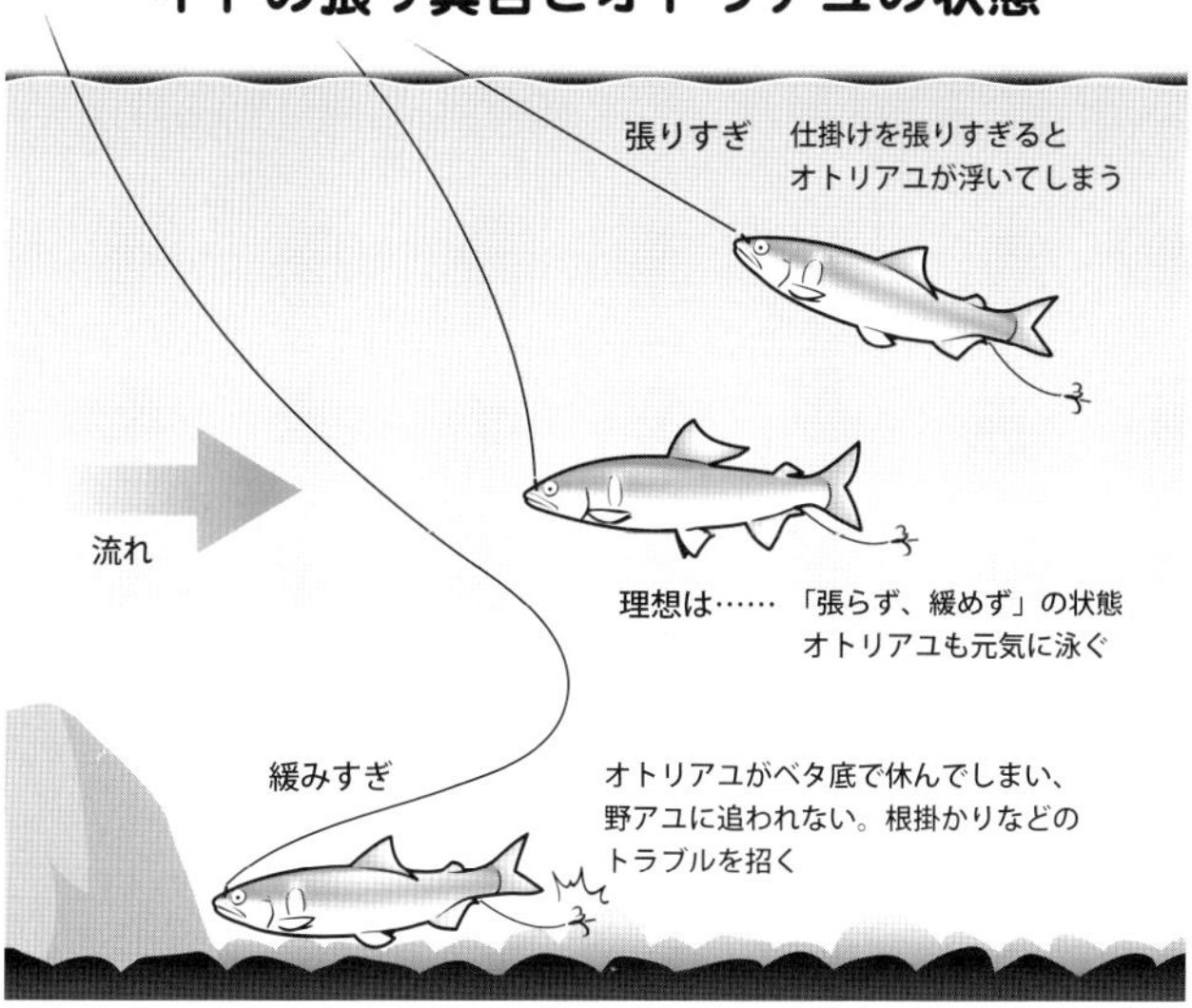
張りすぎ　仕掛けを張りすぎるとオトリアユが浮いてしまう
流れ
理想は……「張らず、緩めず」の状態 オトリアユも元気に泳ぐ
緩みすぎ
オトリアユがベタ底で休んでしまい、野アユに追われない。根掛かりなどのトラブルを招く

アタリから取り込みまで

クライマックスを味わい、野アユを得て次の1尾へつなげよう

泳がせ釣りの利点とは

友釣りにおけるポイントは、「野アユの追い（活性）」「釣り場の水深」「流れの強弱」など、そのときどきの要素で異なってきます。

ここで解説している泳がせ釣りでは、入門者がねらえるポイントは、ある程度オトリの泳ぎに委ねる傾向にあることは否めません。しかし、魚任せだからこそ自然なアプローチが可能になり、ビギナーにとってはそれが釣果に結びつく近道だと思います。特にチャラ瀬、石裏のタルミ、トロなどの比較的緩やかな流れで泳がせ釣りは有効です。

これらのポイントに多い現象として、追い気の弱いアユが群れを形成していることがあります。こんなとき、泳がせ釣りでは独特の〝さりげなさ〟を生かして、オトリアユを容易に群れアユへ合流させることができます。ナワバリを持たず中層で浮き気味になっているアユへも、オトリアユの意思に任せた泳がせ釣りならば近づけることが可能なのです。

方法としては、前項で紹介した手順により、オトリアユを群れに近づけられたら前に1歩前進するなどして仕掛けの張りを弱めます。するとオトリアユは仕掛けのタルミに自由を感じるのか、群れに合流して泳ぎ出します。オトリアユが群れアユと一緒に泳いでいるうちに、野アユをハリ掛かりさせるということです。

このとき目印でアタリに繋がる変化を見るのは当然ですが、しっかりとサオを握るのではなく、指に乗せるようなイメージで支えて指先に全神経を集中させ、わずかな変化を読み取るようにします。一緒に泳いでいる野アユが掛けバリに接触した瞬間が目印やサオを伝って分かるまで上達したら、それはもう初心者の域ではありません。そして、目差す技術はこの水準だと思ってください。

泳がせ釣りは、オトリアユに負担を掛けないようにするため、どうしても仕掛けの張りが緩くなります。そのためイトフケによって伝達は鈍くなり、オトリアユが泳いでいることを確認するのは難しくなります。

ビギナーのうちは、オトリアユが疲労して川底でジッと休んでいたり、根掛かりを引き起こしていても、そのまま気づかずにサオを構えて待っていることがあります。

引き抜きの手順

上流にサオ先を向け、タモとサオを一緒に持つ

初心者は写真のように屈み込んだほうがよい。そしてできるだけサオ尻近くを持ってサオを立てる。このとき、タモを持つ手の腕と、サオの間に三角形の空間ができる。そこからのぞくようにアユを見る

充分にアユを引き寄せる

流れの中や急流の向こうで掛けたときは、流れが緩やかな場所へ誘導する。アユが近寄ってきたら屈んでいた態勢から立ち上がり、サオもスーッと突き上げるようにする

アユを引き抜く

引き抜きは腕力ではなく、サオの弾力を活かして寄せてくる感覚で行なう

最初は、緩やかに放物線を描くような感じで飛んできたアユをすくう感じでやってみよう

水中をイメージする

サオと目印に神経を集中していると、次第にアタリがでる前の予兆にも気づけるかもしれません。

泳がせ釣りにおいて「張らず緩めず」の基本は厳守です。そして他の釣法に比べると〝緩め〟系の釣りであるために、サオ先が曲がるほど張っている状態の伝達力や明確さはありません。この部分を少しでも補ってくれるのが、性能のよい最先端の釣り具です。「初心者ほど、いい道具を使って欲しい」理由の1つがここにあります。

経験を積めば「オトリアユが野アユに威嚇されてビビっている」ことや「群泳に合流した感じ」など、実際はどうであれ、脳内で水中イメージを膨らませられるようになります。それを適えるために微かな信号も読み取ろうと集中できれば、あなたのアユ釣りはさらに面白いものになるはずです。

上ザオでハリ掛かりさせる

取り込みを大別すると「引き寄せ（吊るし込み）」と「引き抜き」があります。引き寄せの動作は、仕掛けをつかむ指の形から〝影絵のキツネ〟を思わせるため「キツネつまみ」ともいいます。それでもかまいませんが、ここでは現代の友釣りで主流となった「引き抜き」について解説します。

まずは〝上ザオ〟状態で、野アユをしっかり掛けることです。上ザオとは、サオ先が上流を向いている、下ザオはその逆で下流へ向けた状態です。前項の解説どおり、アタリがあってから「上ザオ」の姿勢で、しっかり野アユへ掛けバリが刺さるまで待ちます。

これは掛けるのに理想的なだけではなく、野アユにのされづらく取り込みやすい姿勢でもあります。

下ザオは、掛けた時点でのされた姿勢になり、サオの弾力性能が発揮されずに仕掛けが切れたり、身切れでバラしてしまいます。それを恐れて及び腰になれば、いいように掛かりアユが突っ走るので、仕方なく釣り人が下って上ザオの姿勢を取る手間がかかります。

同様に、掛けた後にしっかりサオを絞らなかったことで下ザオ状態になるのもよくありません。取り込みに時間を要するうえに、掛かりアユがオトリアユと絡んでダンゴ状態になるなど、トラブルの元です。

いよいよ取り込みです。掛かりアユを少し上流へ運ぶような意識でサオ操作を行ない、上ザオでしっかり絞ってから肘を折り、脇をしめて「引き抜きの態勢」をとります。腰差しのタモを左手に持ち（右利きの場合）、サオに添えます。オトリが水面に出たら、水面に対して枠を垂直気味にして網面を広く使えるように構え、サオを空に向けてスーッと突き上げます。そのまま、飛んできたアユをタモで受けて取り込み完了です。

タモは立ててアユを引き抜く。タモが寝ていると、アユを受ける面が狭くなる

サオ尻を腹部に当てるとサオがブレにくくなる。要所要所で活用すると役に立つ

コツとしては、利き手の突き上げに頼らず、サオのパワーで抜くようにすること。肩から先の動きは余力と考え、微調整の範囲とすればサオ操作のブレが抑えられます。

取り込み後は仕掛けを張った状態に保つ

アユ釣りは手返しが肝心です。取り込み後に仕掛けを不用意にたるませるとオトリアユと野アユに暴れられ、絡みやヨレが起きて仕掛けは傷んでしまいます。

掛かりアユをタモに受けたら素早くイトを張り、速やかにサオを担いで両手を自由にして、仕掛けを張った状態に保ちながらオトリアユを外して引き舟へ入れ、野アユにハナカンをセットします。

これでオトリアユが釣りたての野アユに代わりました。この動作を繰り返すことから、アユの友釣りは「循環の釣り」と呼ばれるのです。

3章おさらい&復習

早見できる「ひと言」集

オトリアユを購入する

オトリアユの選び方は「簡単につかまらないくらい元気がいい」「鼻や尾が白くなっていない」「適度なサイズ」「沈んで泳ぐ」などをチェック。エアレーション装備のオトリ缶を、車内では大きめのバッカンなどに入れて濡れないように運搬します。

オトリ缶を川に設置する

オトリ缶を沈められる水深がある、水通しのよい流れの岸際に設置。オトリ缶の中で流れが渦巻かないように方向を決め、重石をして流されないようにしてください。

完全仕掛けをセットする

草の茂った河原、陸上で支度します。サオ尻が横方向に振られて、持っている穂先を折ってしまうトラブルを避けるため、なるべく上空へ向けてサオを伸ばします。石の上にサオを置くと破損の原因となるため、草をサオ掛けにして、釣り人側が動いて仕掛けの長さを調整します。

オトリアユをセットする

オトリアユを片手で持つときは、握らず指を立て、オトリアユの腹部を支えるようにして、半身浴状態にします。なおかつ、流れに対して頭を向けます。ハナカンはまっすぐ押し込んだほうが入ります。逆バリは尻ビレ後部でギリギリに刺す。掛けバリは尾ビレの先端〜掛けバリのハリ先まで指1本分を離すのが目安です。

中ハリス、ハリスのセッティング

友釣り仕掛けのハリスは「掛けバリのハリス」と「中ハリス」をそれぞれ差します。中ハリスはオトリアユのサイズに合わせて、アユの全長より少し短いくらいの長さに。

送り出し&泳がせ釣り操作のABC

オトリアユを支えた手を水に入れて身をかがめ、水中でオトリアユを放します。オトリアユが泳いでいかないときは、サオを水平にして釣り人が上流へカニ歩きしてオトリアユを沖へ導き、出たのを確認したら元の位置へ戻ります。そして、上流にサオ先を向けた「上ザオ」で「上空45度」の傾きにします。仕掛けの張り具合ですが、基本は「張らず緩めず」を維持することです。

アタリから取り込みまで

友釣りでは合わせません。その代わり「上ザオ」で、しっかり野アユに掛けバリが刺さり、オトリアユから逆バリが外れるまで待ち、サオをしっかり絞っている状態で取り込み姿勢に移ります。引き抜きは、低い姿勢で構えて魚を寄せてから、立ち上がる反動で掛かりアユを飛ばし、タモの網面を広く使った角度で受けることが肝要です。

4章

続・実釣編
川とアユを理解する

前章まで、アユ釣りを最短コースで解説してきた。ここではさらにアユ釣りの理解を深めていこう。一番必要なのは、アユと川についてもっと知ること。そうすることで釣り場での「川を見る力」が増し、オトリ操作にも少しずつ自信が持てるようになる。

川と流れの構造を理解する

水の中はどうなっている？　アユのようすは？

基本は「瀬」と「淵」

河川の景観は高低差に加えて、一見すると直線的でも、曲線の緩急が違うだけで実際には曲がりくねっているものです。そこには「瀬」と「淵」が生じて、交互に繰り返しながら下っていきます。淵の規模までいかずとも緩やかなトロ場ができ、その「淵やトロ」と「瀬」が、かわりばんこに幾度も現われます。ですから、ずっと瀬が続く川もなければ、淵だけという流れもありません。

　こうした川の基本構造にアユの生活を当てはめると、瀬にある石は水通しのよさから新鮮な藻類が付着し、野アユにとって恰好のエサ場になります。つまり「瀬」には食欲旺盛で活力にあふれた、追いのよい野アユがいることになります。

　ナワバリを持てる野アユは、実際はわずかなものです。たとえば100尾分のエサ場に対して、およそ10倍＝1000尾の野アユがたむろしていると想像してください。盛期になれば私は何千尾もいるだろうなと実感しています。そうでなければ、1日で数十〜束（100尾）釣りの釣果はでませんからね。

　瀬の中でナワバリを守っている強いアユが釣られると、後釜にナンバー2が入ります。それも掛けて、その次と、いよいよ循環の釣りが回転し始めたら数釣りモードへ突入します。このときナワバリ交代が進んで、瀬の魚影が少なくなります。すると淵で待機していた魚が昇格して、瀬へ入ってくるようになるのです。つまり淵は野アユの供給源であり、下流に淵や大きなトロ場のある瀬は、魅力的なポイントであることが分かります。

　瀬は水量、斜度、川幅がもたらすイメージによって、釣り人からさまざまな表現をされます。3つに大別するなら、人の入れないような急流を「ガンガン瀬」、それより少し緩い場所を「瀬」、ヒザから下の水位で石がたくさん見える「チャラ瀬」といった感じです。釣り人同士ならば言葉のイメージによって伝わる景色があるもので、さらに「荒瀬（勾配があって流れの速い深場）」「急瀬」「強瀬」「ザラ瀬（チャラ瀬より深く浮き石があるような瀬）」「平瀬（平坦で流れの緩やかな瀬）」「深瀬」「トロ瀬」なども使われます（漢字から流れが思い浮かべられるでしょう）。

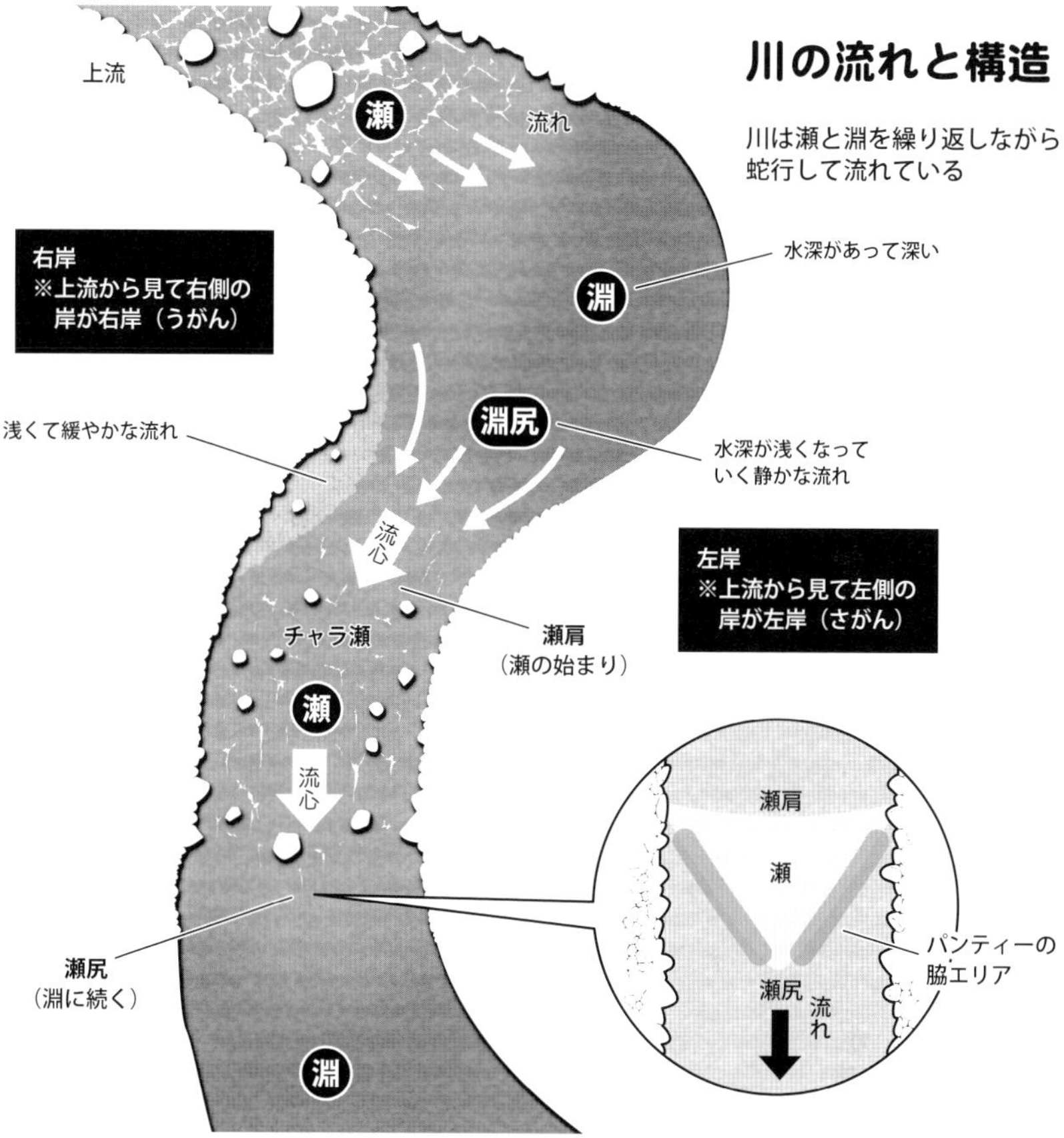
川の流れと構造
川は瀬と淵を繰り返しながら
蛇行して流れている
上流
瀬
流れ
右岸
※上流から見て右側の
岸が右岸（うがん）
水深があって深い
淵
淵尻
浅くて緩やかな流れ
水深が浅くなって
いく静かな流れ
流心
左岸
※上流から見て左側の
岸が左岸（さがん）
チャラ瀬
瀬肩
（瀬の始まり）
瀬
流心
瀬肩
瀬
パンティーの
脇エリア
瀬尻
流れ
瀬尻
（淵に続く）
淵

川を断面で見ると……

拙著『アユ釣りがある日突然上手くなる』（つり人社）Ｐ62「川見の重要性」で、私は「川見に適しているのは、足場が高くて川を俯瞰できるような場所。特に、橋と土手の上は川見の特等席です」と書きました。

　この川見で分かる断面方向の基本構造を挙げてみます。

①中心付近の強い流れ＝「流心」。
②流心の脇にある緩い流れ＝「緩流帯」「ヨレ」「瀬脇」。
③岸付近＝「ヘチ」。
④川を上流から見下ろした状態で右側を「右岸」、左側を「左岸」と呼ぶ。
⑤水流は「川底は遅く」「水面は速い」。
⑥底石が「大きく川底が起伏に富んでいると流れは緩やか」「小石底で平坦だと流れが速い」。

　これらの点を、好ポイントを捜す目安としてだけではなく、水中でのオトリアユの安定性も含めて理解するとよいでしょう。

瀬の構造

一般的な川底は、ヘチから流心へ向かい傾斜して深くなっています。この傾斜を「カケアガリ」と呼び、盛り上がって丘陵のようになっていると「馬の背」といいます。魚はこうした変化を好み、野アユも例外ではありません。

しかし、何といっても野アユのポイントは石が肝心です。水流は石に当たると水中で上下左右に分かれて、石の裏側、下流部へヨレや緩流帯を作り出します。そのため石裏はポイントに成り得るのですが、エサ場になる瀬では大小の底石が混在しており、流れが複雑に分かれています。そういう意味では、ポイントの集結している場所が瀬であるともいえるでしょう。

詳細に瀬を解説するため、川の流れを追ってみます。上流のトロ・トロ瀬・平瀬から「鏡（静かで起伏のない流れ）」になり、瀬に入ります。瀬の入り口は「瀬肩」、両岸側は瀬の脇で「瀬脇」、「淵」へ落ちる部分を「瀬落ち」と表わします。

瀬肩１辺、瀬脇２辺、瀬落ちで成り立つ逆三角形を、私の友人でアユ釣り名手の渡辺博さんが「パンティー」と名付け、大腿部が通る部位のパンティーラインが好ポイントのひとつだと別冊つり人『鮎釣り』で紹介したことがあります。

下着の腰部である瀬肩（上段の瀬）はオトリアユを入れにくく、それでいて上手な釣り人に攻め抜かれていることが多いのですが、下着の股部分である瀬落ち（下段の瀬）は瀬尻ともいい、オトリを入れやすく、下流の淵から野アユも供給されるので初心者向きの好ポイントになります。

石の話をしたのに関連して、ポイントの判断基準になるコケ（アカ・藻類）の付き具合、ハミ跡から釣況が分かる事象を挙げます。

底石の色でコケや食み具合を見ようと思っても、石の質によって色が違うため具体的に「黒がよい」などとはいいきれません。ただし、艶があって鮮明に見える石は有望です。それは野アユによってツルツルに磨かれて石の輪郭がハッキリ見えている証。アカが腐り、泥を被っている石はボンヤリ見えることが多いのです。

石の大きさですが、低水温期や大雨直後はアカの付きが薄かったり、飛ばされているので、大石の入った瀬をねらいたい。逆に、渇水期や土用隠れに当たったら、アカ腐れに注意して、ねらう石はいつもより小さいものがよいように思います。

水位の変化に注意

好場所の代表である瀬も、水位の変化で野アユの魚影に変化が起こります。水位の変化といえばすぐ連想するのは台風ですが、最近の夏は集中豪雨が激しく、その影響で劇的に川相が変化する場合もあります。

　こうした水位の変化は、毎日欠かさず川を見ているオトリ店でたずねるとよいでしょう。増水中は流れの押しが強く、野アユの付き場どころか釣り人の立ち込める場所も変わってきます。こんなとき、野アユは流心よりも流れが緩やかな瀬脇やヘチなどに待避します。大増水時はコケが洗い流されて（白っ川といいます）、大きな石の裏やヘチ際の残りアカを食んでいることもあります。

　減水し始めたら、野アユは流心方向へ入っていきます。流心ねらいで「引き水の入れ掛かり」といわれるような好釣果が期待でき、減水しきるまでの大チャンスが訪れます。

淵はトロとも呼ばれ、流れは緩やか。基本的に河川の流れは淵と瀬が繰り返される

トロ尻、瀬肩の一例。岸近くはヘチ、奥の波立っているところが流心

瀬は水深や流速の違いで呼び名が変わる。チャラ瀬、ザラ瀬、平瀬、早瀬、急瀬、荒瀬、ガンガン瀬など多数あるが、厳密な定義はなく、釣り人に共通する感覚的な表現。オトリ缶を沈めたこの場所はチャラ瀬といっていいだろう

アユってそもそもどんな性格・習性・食性の魚？

野アユとコケの切っても切れない関係

ケンカっ早い

アユの性格を聞かれたら、ひと言で「ケンカっ早い」とでもいっておきましょうか。いい野アユは、ケンカ腰の勝ち気なヤツです。だからこそ外敵を追い払う強さを持っているし、ぬけぬけと自分の領域に入り込んで食料を盗ろうとしている（と思っている）オトリアユを見つけるや、ラグビーのタックルよろしく強烈な体当たりをかますのです。そして勇猛果敢なアユほど背掛かりになります。

古くは、アユ釣りで長ザオを使う理由に「警戒されないように」とありますが、私の考えでは、それほどアユは警戒心が強くないと思っています。人の気配を察して散ったとしても30秒で〝戦地〟へ戻ってきます。

アユの魚体にある特徴的な黄色い模様を「追い星」といいます。追い星を含め全体に黄色味がかったアユは元気がよく、追いもよいといわれています。成魚のアユは珪藻や藍藻などのコケを食べるのですが、なかでも珪藻が豊富な河川は色付きがよいのか、香りも高く、元気な黄色いアユが育成されます。藍藻は魚体づくりに有効で成長が促進されるのか、野アユの型がよくなる傾向があります。

成長過程で食性が変化する事前説明として、アユの両側回遊に触れましょう。両側回遊とは、河川で産卵・誕生した川魚が、ひとときの成長のために海へ下ってふたたび遡上する性質です。アユも下流域の小砂利の瀬で産卵して、孵化後はすぐ海へ下ります。稚魚はシオミズツボワムシなどを食べ、海と川の水温差が小さくなる3月頃に川を遡ります。シオミズツボワムシとは、汽水産のプランクトン。輪形動物門に属する微小な動物で、海水魚養殖においても稚魚の生きエサとして重視されています。

微小な動物質のエサから食性が藻類主食に代わると、アユの成長が促進されます。それは3月頃に稚魚で上がってきて、6月には成魚の姿になっていることからも理解できるでしょう。

アユの生涯は、「10～12月、河川中下流域で産卵」「10～14日で孵化して降海」「冬は沿岸にいてシオミズツボワムシなどを就餌」「3～5月、遡上」「6月、コケを食んで成魚になる」「8月末～落ちアユ。産卵準備」という生活環になります。

アユは石に付いた珪藻や藍藻などの藻類を削ぎ落とすように食べるので、両アゴにはヤスリのような歯が並んでいる

ナワバリ意識の強さはハンパじゃない

アユのオスメス、尻ビレの違い

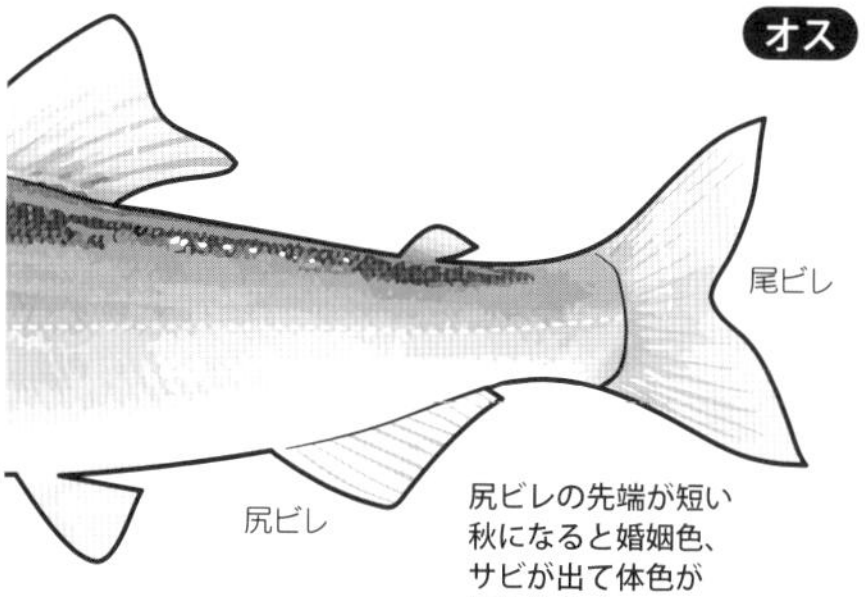
オス
尾ビレ
尻ビレ

尻ビレの先端が短い
秋になると婚姻色、
サビが出て体色が
変わりやすい、
肌がザラついている

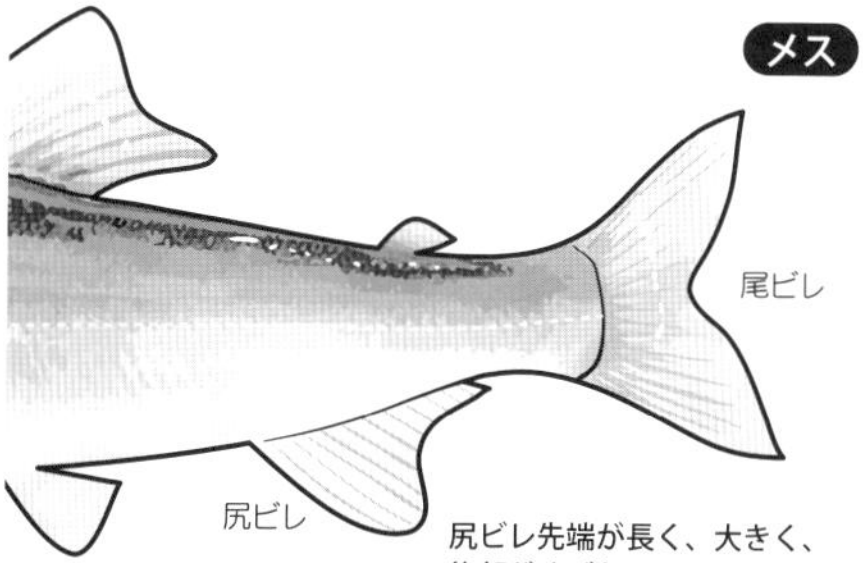
メス
尾ビレ
尻ビレ

尻ビレ先端が長く、大きく、
後部がくびれている
秋になってもサビが出にくく、
肌にヌメリを感じる

アユが釣れるということの意味

孵化したアユの体長は約5㎜。魚体は透明で腹には卵嚢を備えています。卵嚢の栄養は2〜6日分です。よくできたもので、産卵床から海まで40㎞以上もあるような大きな川で生まれた稚魚と、海まで数㎞地点に産卵床がある川で生まれた稚魚は、卵嚢の大きさが異なります。

アユは孵化すると水面近くへ浮き、まだ自力で泳ぐことができず、そのまま流されて海まで下ります。川の規模によって違いますが、2日から4、5日で海へ出ます。この間、すぐに就餌できなくても卵嚢の栄養を頼りに生きながらえます。しかし、川をせき止める河口堰があると、ほとんど死ぬか、魚たちに食べられてしまいます。

私のいう「アユが釣れるのは、天然遡上の可能な河川」とは、この問題提起を含めています。

トロ瀬から始めてみる

野アユを掛けて循環の釣りのサイクルに乗るために

石裏で待て

初心者が最初の1尾を釣るために、「瀬尻で、流れがあるけれどそれほど強すぎないポイントの、石の後ろに入れる」とアドバイスしています。

ここまで読み進めてきて、瀬肩や石の頭のような流れの強いところに元気なアユがいることを理解したと思います。しかし、そこは初心者にとってオトリアユを入れにくいところでもあります。

釣り人はできるだけ早く、養殖アユを野アユのオトリに替えて数釣りのサイクルに持ち込みたいわけですから、朝のうちに流れのある場所で元気な野アユを釣り、昼になったらトロ場へ移動して数を伸ばすリズムに乗りたいはずです。

しかし、それまでイケスの中にいた養殖アユは、急に流れのある場所へ放たれてもなかなか上手に泳いでくれません。そこで、石裏の緩流帯でオトリアユを慣らします。このとき、オバセでハナカンを動かす程度の低刺激はいいですが、できるだけジッと3～5分は待ちます。

オトリ店で入手したばかりの、朝イチで元気なオトリアユですから、いつかは石の横へ出ます。石脇は流れが当たっていて野アユがいる可能性も高く、さらに前へオトリアユが出てくると掛かる確率は上がります。ともかくアユ釣りは「石周りをねらう」ということです。

石を話題にすると「川の中で黒っぽく見える石をねらえ」という定石を口にする人が出てくるはずです。これは黒く見えるのは石にいいコケが付いている証だという説からくるものです。しかし、この思い込みが落とし穴になることがあります。私が初めて岐阜県の馬瀬川へ釣行したとき、黒い石をねらってみたところ、まったく野アユが掛からない状況に陥りました。実は馬瀬川では白い石にこそ新鮮なコケが付き、黒い石はアカ腐れしていたのです。

馬瀬川に限ったことではなく、静岡県の狩野川でも赤みがかった酒瓶のような色の石がいい傾向もあります。迷ったときは、河原の石を濡らして「コケが付いていない色」を確認するのも一手です。

もう1つ、石の話繋がりで覚えておいてほしい知識があります。富山県の神通川などでは、歩くだけでもグラグ

アカの付きがいい瀬は好場所

ゆったりとしたトロ瀬は初心者向き

瀬肩はねらいやすいポイントの1つ

ラするのが分かるほど川底の石が浮き気味になっています。こうした河川では、取り込みを手間取ると石間へ逃げ込まれて仕掛けを切ってしまうことがあります。

「コケの付き」とは

野アユが食む珪藻、藍藻などの藻類を「アカ」「コケ」などと表現します。釣り人もその都度言いやすいほうで表わし、本書の解説でも混在していますが、同じ藻類を差すと思ってください。

藻類は植物なので水と肥料（栄養）を要し、光合成をするため、栄養のある水質で日照が底石に届く透明度の高い河川では良好に繁茂します。これに関わる主な3つの現象を挙げます。

「アカ腐れ」＝雨が降らず水量が減少したことで起こる。

「白っ川」＝増水による急流によって小砂利が当たるなどして、アカが飛ばされた状態。増水直後は残りアカを捜す厳しい釣りになるが、日照で新アカが付けば好転する。
「いいアカ」＝白っ川の後、2〜3日照り込んで新しいコケが付着した状態。好調が期待できる。

トロ瀬で鍛錬しよう

上手な人は、朝イチから流れの速い瀬肩へ養殖のオトリアユを入れることができます。これを入門者に勧めるのは難しいことだと思います。そこで、まずはオトリアユを石裏、瀬尻などの緩流帯へ入れて、なじむかどうかを確認しましょう。

なじませるというのは、オトリアユを休ませるという意味ではありません。オトリアユとの緊張関係を維持するためにも、釣り人はサオの操作に集中して、仕掛けで張らず緩めずの低刺激をオトリアユに与える必要があります。

オトリアユが河川になじめば、上流に少しずつ上がっていきます。すると野アユのナワバリである石の近くへ差し掛かってチャンス到来です。これは、最初の1尾目を釣る方法として紹介した石裏のオトリアユが石の前へ出ていくのと同様です。

アユの友釣りにおいて、最初の1尾は本当に大事です。養殖のオトリアユで天然の野アユを速やかに釣ることによって、釣り人のモチベーションも上がり、循環の釣りにノッて釣れ続けることがあります。

逆に、なかなか1尾目の釣果がでないとオトリアユを弱らせてしまい、元気のなくしたオトリアユをさらに酷使していく悪循環にハマります。弱ったオトリアユは尾ビレを振らないので掛けバリが垂れ下がり、エビ、根掛かり、バラシを頻発して、最悪はオトリアユを「引き殺して」しまうこともあるのです。

釣り人は「野アユさえ手に入れば釣れるのに」と悩み、どんどん冷静さを失っていきます。

こういうとき、入門者なのですから大きく深呼吸でもして開き直り、勉強する気持ちを持つことも大事です。まず、よい石が点在してオトリアユの入れやすいトロ瀬へ行きます。

瀬肩の流れが速いところには、追いのよい野アユがいることは分かっています。しかし、だからといってトロ瀬に野アユがいないわけではありません。泳がせやすいトロ瀬でオトリアユを放ち、張らず緩めずの仕掛けの張り具合を、みっちりと身体へ覚え込ませるように叩き込みます。

さらに、4方向十字ステップによる微妙な張り具合や、オバセの低刺激でオトリアユがどういう反応を示すのかも確認します。そうこうしているうちに、意外にサオが絞り込まれるものなのです。

ここで注意してほしいのは、「トロ場」ではなく「トロ瀬」であるということです。本当のトロ場は、それこそ初心者には難しいかもしれません。

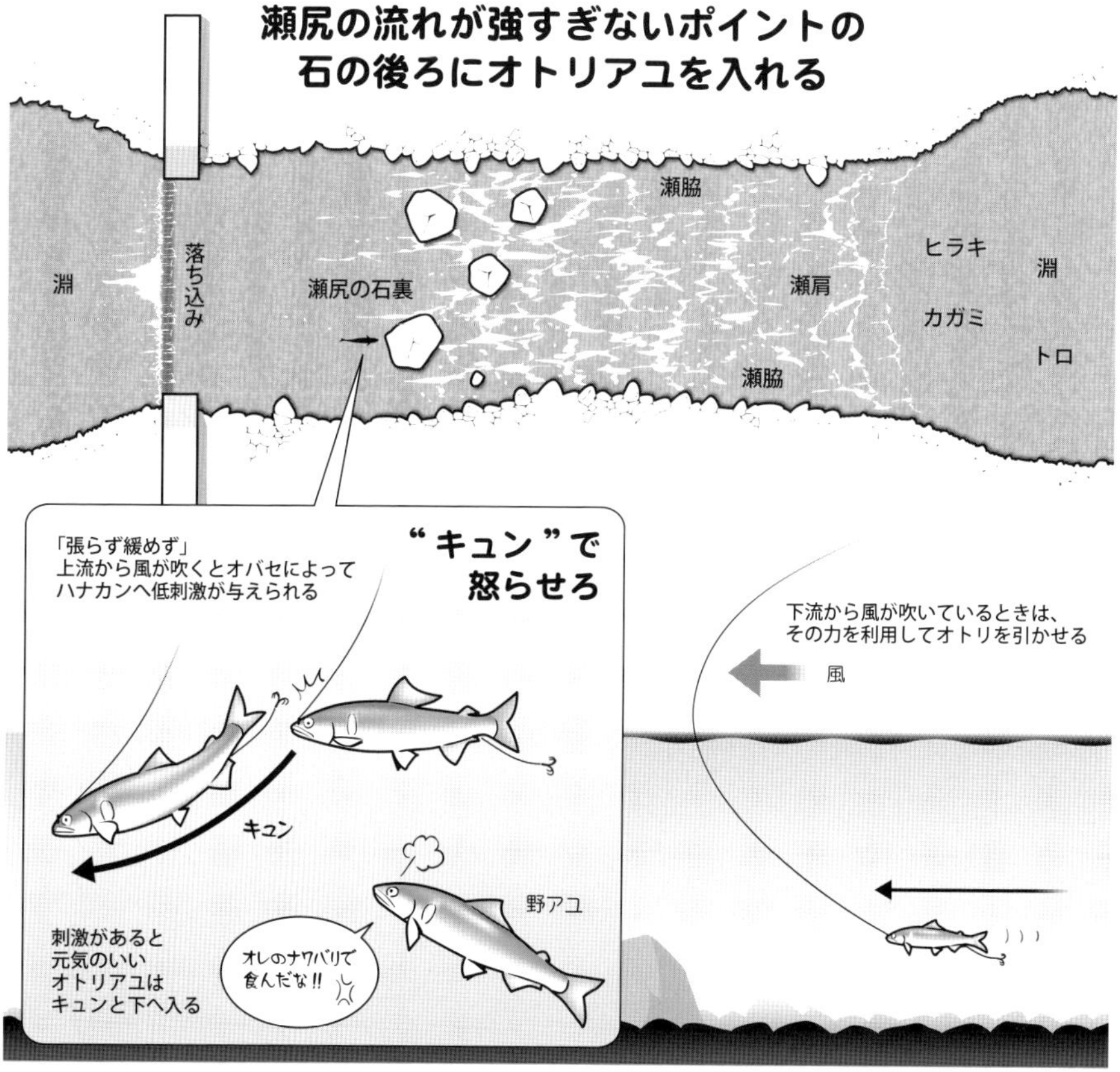
瀬尻の流れが強すぎないポイントの
石の後ろにオトリアユを入れる
淵
落ち込み
瀬尻の石裏
瀬脇
瀬肩
瀬脇
ヒラキ
カガミ
淵
トロ
「張らず緩めず」
上流から風が吹くとオバセによって
ハナカンへ低刺激が与えられる
“キュン”で
怒らせろ
キュン
刺激があると
元気のいい
オトリアユは
キュンと下へ入る
オレのナワバリで
食んだな!!
野アユ
下流から風が吹いているときは、
その力を利用してオトリを引かせる
風

「キュン」で怒らせろ

雨後の増水が落ち着いて日が照ると、底石に新鮮なアカが付きだします。こんなとき、アカ腐れのない状態でハミ跡の筋が見えるとその石がよさそうに見えるものです。しかし、筋が見えるのは野アユの魚影が少ない証です。

本章の最初で、エサ場に対して就餌許容を超える野アユがせめぎ合っている状況が循環の釣りを生み出すもとになることを述べました。アユが多いと石はツルツル、ピカピカになるまで舐めまくられ、筋など分からないのです。

そこに張らず緩めずでオトリアユを入れたとします。ハナカンが付いているから自然に低刺激が加わり、オトリアユは怒って「キュン」と下へ入ります。これが食む動きに似ているので、野アユが怒って追ってくるのです。キュンを演出できるようになったら、1ランク・アップしたことになります。

同じポイントで3分間泳がせる

オトリアユに尾ビレをしっかりと振らせるために集中！

アユは時間で追う

今までの話をおさらいしましょう。

アユの友釣りは、まず「養殖アユのオトリアユを、いかに早く野アユへ替えられるか」という滑り出しが重要です。野アユに交換してから、ようやく友釣りが始まります。

川は瀬と淵を繰り返して流れています。瀬にいる野アユは元気があって追いがよいので、淵のアユよりよく掛かります。しかしオトリに使う養殖アユは、水通しがよいとはいえ、イケスという止水に近い環境で飼われていたことから流水に対して不慣れです。それなのに流れのあるポイントへ入れるとなれば、技術的に未熟な初心者だと苦労してしまうことでしょう。

そこで、最初は瀬の中に存在する比較的流れの緩やかな、いわゆる緩流帯へオトリアユを入れてじっくり待ち、水温や流れに慣らしてから養殖アユの意思で流れをのぼってもらう方法をとります。緩流帯とは石裏、瀬尻のトロ瀬などです。オトリアユが流れをのぼるまで我慢するわけですが、泳がせ釣りを覚えるためにも「1つのポイントで待つ」ことを身につけてください。

ここで、多くの人は具体的にどのくらい待つものなのかと思うことでしょう。この点について、狩野川漁協組合長の植田正光先生は歯科医という立場から、歯磨きを例に解説してくれました。たとえばそれが3分間と聞いたら、カップ麺のできる短時間だと思うでしょう。でも「歯磨きを3分間しなさい」というと、体感時間は相当長く感じるものだそうです。

植田先生はアユ釣りでも「同じ場所で最低でも3分間はオトリアユを泳がせなさい」と助言するそうです。それは何もしない3分間ではなく、しっかりオトリアユに尾ビレを振らせようと集中している時間なので、体感的にはいつもより長く思えることでしょう。

掛からなければ、次のポイントに入れて3分間。これを積み重ねていきます。追わないなと思って、すぐにあきらめてオトリアユを引っ張ってしまうと、釣れるチャンスを逃すだけでなく、オトリアユも弱らせて何もよいことはありません。

そこで私は集約した助言として「アユは時間で追う」と教えます。釣果を得るため、ときに我慢が大事なこともあるのです。

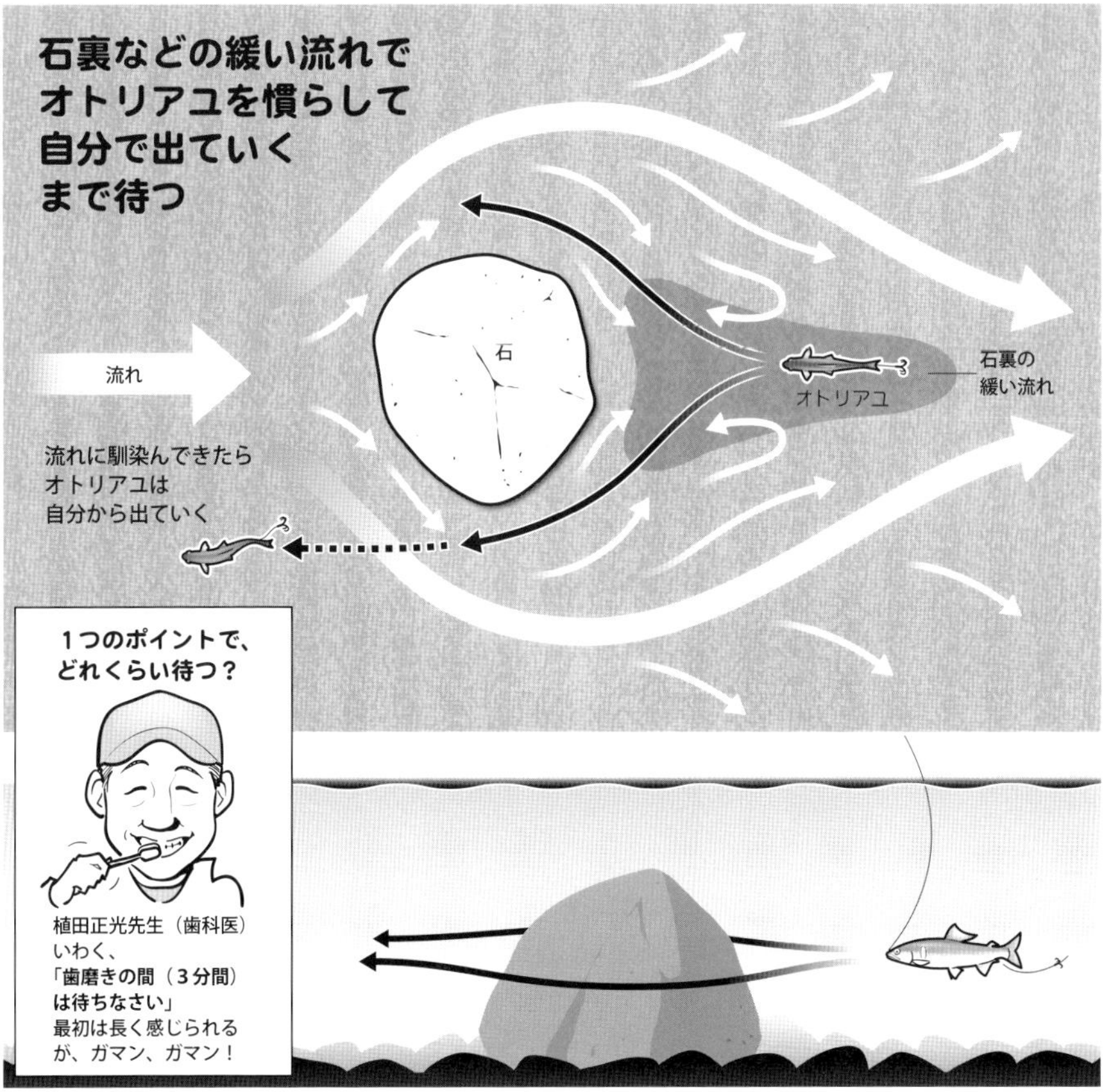
石裏などの緩い流れで
オトリアユを慣らして
自分で出ていく
まで待つ
流れ
石
オトリアユ
石裏の
緩い流れ
流れに馴染んできたら
オトリアユは
自分から出ていく
1つのポイントで、
どれくらい待つ？
植田正光先生（歯科医）
いわく、
「歯磨きの間（3分間）
は待ちなさい」
最初は長く感じられる
が、ガマン、ガマン！

目印が安定すると オトリも安定する

「上ザオ、上空へ45度」の構えを保ち、徐々に釣り上がっていくとき、足下を気にしながらも目印を注視するように心掛けてください。

　オトリが止まって上流に向かって泳いでくれないと、どうしてもサオ先で引っ張ってしまいがちですが、これが大問題です。

　無理に引っ張るとオトリはイヤイヤして頭を振ります。すると、その動きがミチイトに伝わり、目印が不規則な動きをします。

　上空45度の構えはどこでも基本ですが、流れが緩くなってくるに従い、サオは水面に対して垂直方向へ傾き、淵だとサオ先は、ほぼ天を差している状態になります。名手はこうした流れの強弱に敏感に対応して、常に目印を安定させることでオトリアユの泳ぎも安定させているから釣れるのです。

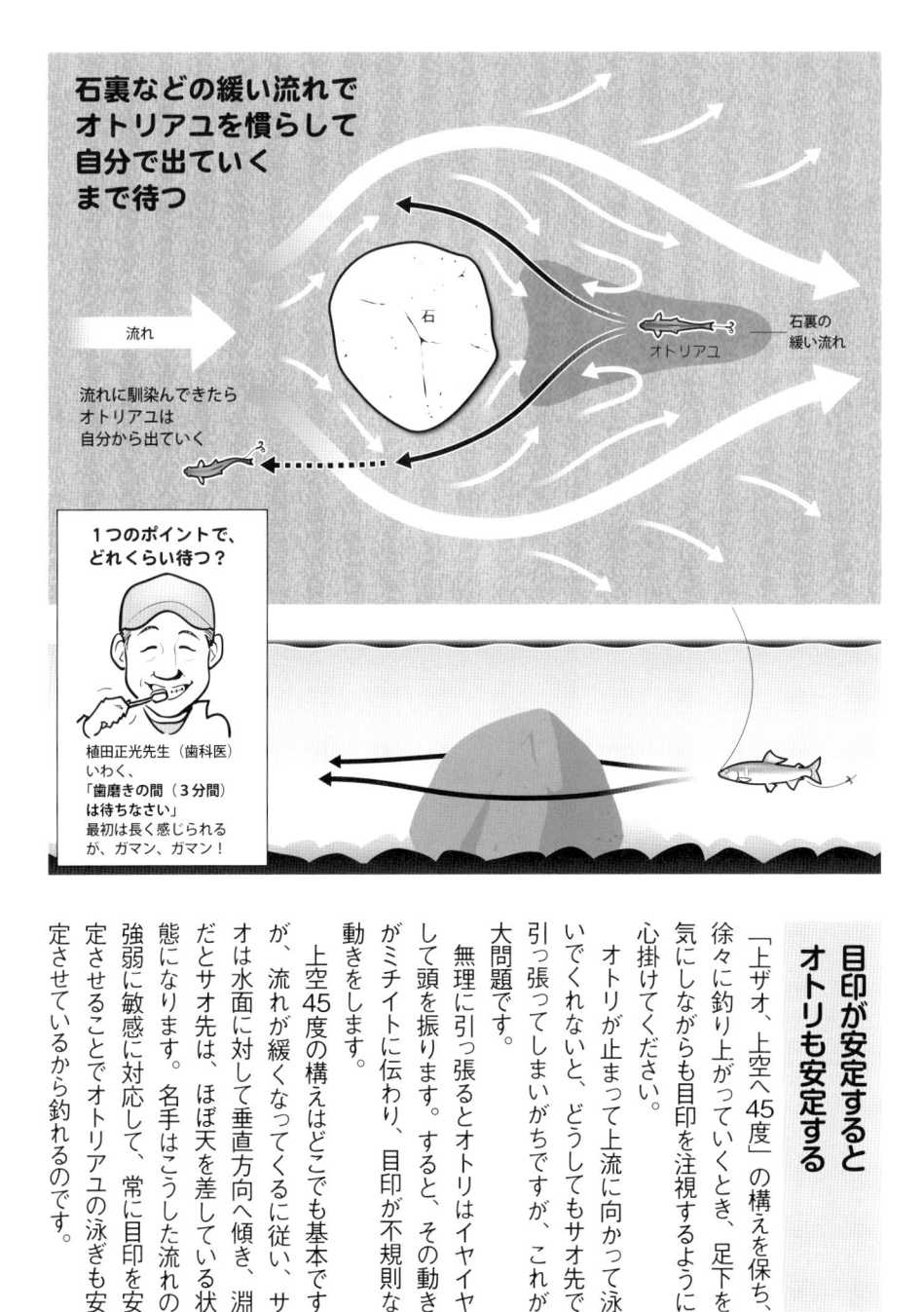

続・オトリアユの基本操作術

今一度「張らず緩めず」の意味をじっくりと考える

張らないのか、緩めないのか

ここまで繰り返し述べてきた、オトリアユの基本操作である「張らず緩めず」という意味を、あらためて考えてみましょう。「張らず」という言葉は、そのままだと「張らない」という意味ですが、アユ釣りでは「でも緩めない」という思いが込められています。逆に「緩めず」の真意は「でも張らない」です。

言葉を重ねるほどに難解さを深めていく、仕掛けの張り具合。その力加減の微妙さこそ、まさに初心者を悩ます難点になっていると思います。そこで、あらためて仕掛けの張り具合に対する現象を極端な例で挙げてみます。

●張る

・**利点**＝流れがあってもオトリアユを支えられる。サオから伝わる感触が鮮明になるので、オトリアユのようすを含めて水中の状態が分かりやすい。根掛かりやエビなど、仕掛けで起こるトラブルが減少。強い刺激によってオトリアユを休ませない。

・**弱点**＝オトリアユがイヤイヤをする。オトリアユに掛かる負担が大きく、すぐに弱らせてしまう。野アユの追いが悪くて流れが緩いポイントでは、オトリアユの泳ぎ方が不自然になり釣果が落ちる。

●緩める

・**利点**＝オトリアユの意思を尊重した、自然な泳ぎをさせられる。群れアユをねらうとき、違和感を与えることなく合流させられる。それゆえに追いの悪いときでも掛けることができる。

・**弱点**＝オトリアユの状態が分からない。入れたい場所へオトリアユを入れられない。刺激がなくオトリアユが休んでしまう。オバセすぎると、エビなど仕掛けのトラブルが頻発する。流れのあまり速いところだと、前述した弱点がすべて増大されて表われる。

つまり、私の言う張らず緩めずとは、両方の利点を活かす、いいとこ取りをしようという考えなのです。

これは、あくまでも当日の釣況（オトリアユのコンディションも含めて）に対して「張らず緩めず」ですから、もしも張る・緩めるのどちらかに偏ったときは、偏ったほうの弱点が表われます。それを張り具合の判断基準にすれば、泳がせ釣りの基礎が理解できます。同時に、泳がせ釣りが「緩める」系列の釣法であることも実感できることでしょう。

主な釣り方	泳がせ釣り	引き釣りなど
適する釣り場	流れの緩い場所、浅い場所	水量が多く「押し」の強い場所 急瀬などの流れが速い所
利点	初心者が入りやすい釣法 オトリアユに任せることができる 追いのよくない野アユにも効果	オトリアユを釣り人の都合に合わせて操作しやすい 仕掛けを張っているため、 オトリアユの状態も分かりやすい
弱点	強い流れでは難しい オトリアユが弱ってしまうとポイントを探れない オトリアユの状態を把握しにくい	オトリアユへの負担が大きく、弱らせやすい オトリアユが自然に泳いでいるほうがよい場面（渇水時など）では弱いことも
構え方（一例）	立てザオ 	ベタザオ 

背掛かりの利点

循環の釣りのサイクルを円滑にするためには、手返しの向上は当然ですが、肝心なオトリアユの能力が低いとサイクルが途切れるリスクが高まります。そのため「背掛かり（掛けバリが野アユの背部に掛かること）」が理想になります。背部は肉厚でハリ掛かりのダメージが少なく、オトリアユとしての活力を奪わないのです。

野アユが掛かる位置は実に重要で、運悪く掛けバリが神経に当たったら、急所を捉えて死後硬直のようになってしまいます。片目に刺さると片方へしか泳がなくなり、腹部に掛かると内臓が露出して半死半生状態になります。後部に掛かってダメージを与えると、オトリアユの性能を発揮する尾ビレの振りが弱くなり釣果へ影響します。逆に、食わせる魚釣りでは定番の口周りだとダメージは最小です。しかし、引

基本はオトリが自分で泳ぎ出すまで辛抱することが肝要（上）
釣り人の移動によってオトリを前に出す方法もある（下）

き味が物足りないので、娯楽性も考えると背掛かりが最良なのです。

ハリ掛かりに関わる要素で分かりやすいのは、掛けバリの長さです。オトリアユから掛けバリが離れるほど、野アユの後部（尾ビレ寄り）に掛かる傾向があります。ハリスを短くすると前方部分に接触しやすくなります。長さを調節してこの中間を探れば、背掛かりになる確率が高まるわけです。

ちなみに流れが強くて大きな川の職漁師は、オモリ使用の仕掛けで「短ハリス」でねらいますが、これは背中や尾ビレ付近に掛かると取り込みづらいという理由によるものです。漁獲作業の効率を上げるためであり、釣趣は二の次になっています。

基本の長さは、尾ビレの先端～掛けバリのハリ先まで指1本の幅（1～2cm超）。これは根掛かりなどもしにくい設定だといえます。

ハナカンの状態を意識する

張らず緩めずを意識する中で、仕掛けの入水角度に疑問がわいてくることでしょう。目印の位置は水深の1・5倍が基本としましたが、「オトリアユはハゼみたいに水底を這うわけじゃないし、そんなに長い必要があるのか」と思うかもしれません。

例を挙げるので想像を働かせてください。急流や淵を除く一般的な瀬に対して、目印位置が水深と同じで水面から目印が出ているとしたら、水面に対して仕掛けがほぼ直角になっていると考えられます。このときサオは、立てザオ気味になります。

完全仕掛けの使用ラインが細いとはいえ、水の抵抗もあります。張りをわずかに強めただけでアユは吊り上げ気味になり、浮かせたり、弱らせてしまう不安がつきまといます。

その点、1・5倍の位置で張らず緩めずのテンションを掛けると、張りの微調整が可能です。

オバセ気味にすると目印が水面近くになり、張り気味にすると目印と水面の距離が広がります。

この調整を適えたとき、サオの角度は「寝かせず立たせず」の真ん中である45度になるのです。

さて、水の抵抗を仕掛けが受けているので、上流へ向かっていこうとするオトリアユに対して、仕掛けは背ビレの上を通っている状態になっています。つまり、オトリアユに付けられたハナカンは後方へ倒れているわけです。逆に、前方へハナカンが倒れている状態を想像してみましょう。「仕掛けがオトリアユを引いている光景」を思い浮かべることができます。

この現象を鑑みると「ハナカンが後方へ倒れている＝オトリアユに元気がある」という意味に捉えられます。このようにハナカンの状態を意識することは、オトリアユの操作において大切なことです。

操作技術としては、ハナカンが後方へ倒れて背ビレの真上にイトがある状態だと、釣り人が仕掛けを倒した方向と逆にオトリアユは頭を向けて進むと覚えておいてください。乗馬の手綱を持った騎手を想像しますが、ウマと違いオトリアユは逆らうので、それを踏まえて操作します。もちろんオトリアユの体調次第で、張りに対しての反応は違います。

もう1つ、背ビレの上に仕掛けが通っているということは、緩みすぎると仕掛けを掛けバリがすくってエビが生じてしまうことも理解してください。

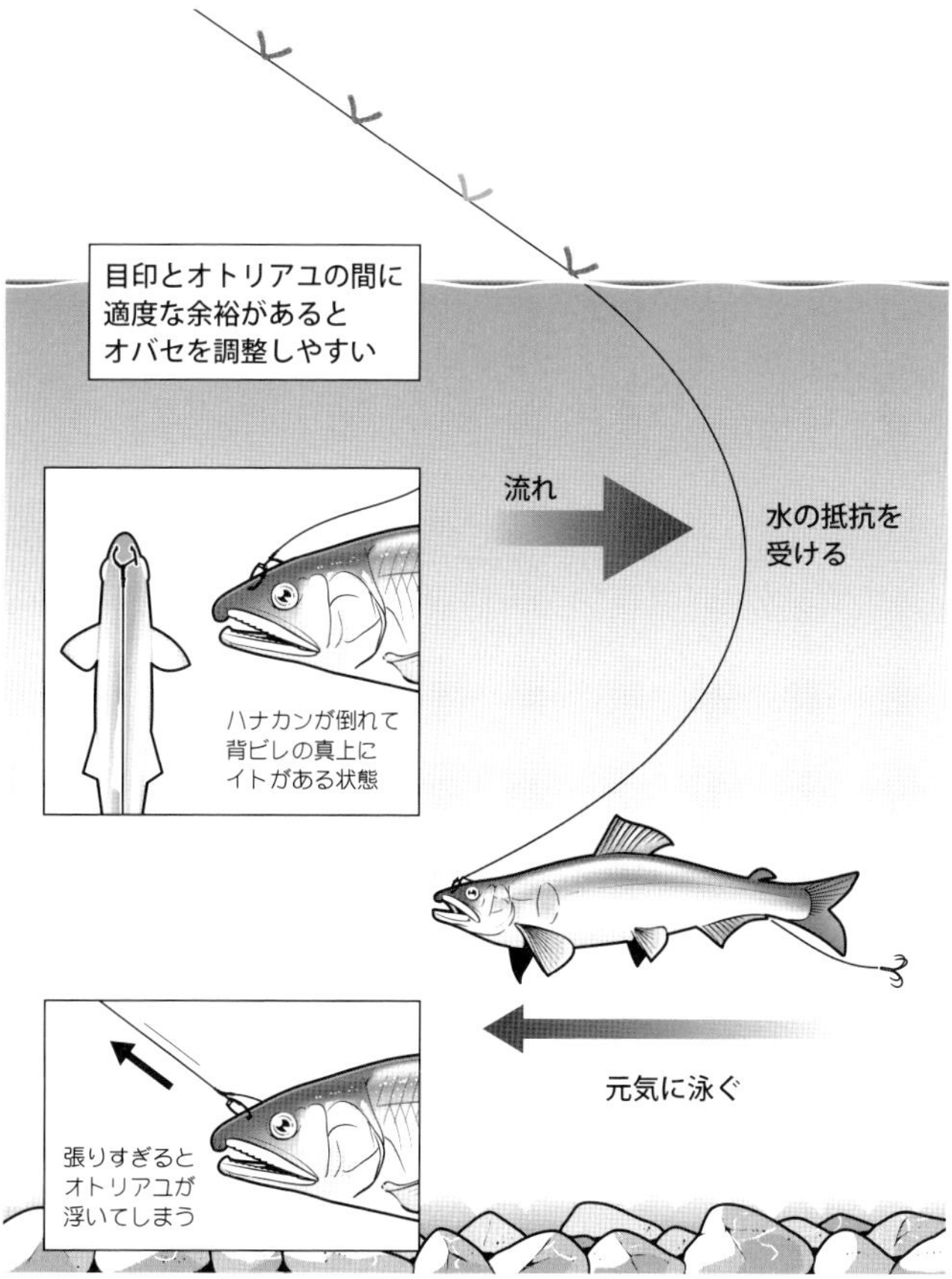
目印とオトリアユの間に
適度な余裕があると
オバセを調整しやすい
流れ
水の抵抗を
受ける
ハナカンが倒れて
背ビレの真上に
イトがある状態
元気に泳ぐ
張りすぎると
オトリアユが
浮いてしまう

条件別セオリー

最も重要なのは水位の増減がアカにもたらす影響

「急」な変化はダメ

「千年猛暑」「熱中症に注意」などと盛んに報道された昨夏（2013）。高知県四万十市では国内最高41℃を記録したとき、降水量の減少もあり、市内を流れる四万十川の一部で水温が30℃を超えたといいます。これではさすがにアユも追わなくなりますが、通常アユの釣れる適水温は特別に決まっていません。河川にもよりますが、水温13～14℃でも掛かります。

　天候は、晴れは藻類の光合成を助けるので釣り日和、雨は水位が変わるほどでなければ問題なく、曇りは涼しく釣りができるという感じです。釣りザオを持っている以上、落雷の心配がある雷雨には用心してください。

　晴天の日照時間は長いほどアカの生育を促し、よいコケが付きます。短くてもアユは釣れますが、食性に大きな影響を与えるため、北陸地方では毛バリ釣り文化を育んだとされています。

　水位、水量もアカへの影響を考えます。ド渇水（極端な減水）であればアカ腐れが起こり、大増水で激流となればアカが飛んで（水流や小砂利などで擦られて洗われてしまう）しまいます。そのため増水後は白っ川になりますが、水位が落ちてきて日照が得られると、新鮮なよいコケが付き始めます。一転して好機となるわけです。

　好機といえば、一般的に魚釣りは朝マヅメ、タマヅメをねらう傾向があります。朝マヅメを「モーニングサービス」と呼ぶ人もいますが、アユ釣りにそれはありません。オトリ店のイケスと河川の流速差や水温差で、オトリに無理をさせて弱らせてしまうことのほうが心配です。朝食が済んでから釣ってもかまわないのです。

　水温の影響はないのでは？　と思う人がいるかもしれません。しかし魚類は変温動物で水温＝体温です。慣れてしまえば問題ないことでも、急激な変化は魚体へ大きなダメージを与えます。これは冷雨による増水でも引き起こされることがあります。

　水温、水位、天候ともに「急」な変化はダメと覚えておきましょう。

　風はどうでしょうか。これはどちらかというと、長ザオを使う釣り人側への影響が大きいといえます。強風時は短めのサオを使うか、サオの方向を変えるため対岸へ移るなど、風当たりや風向きを考慮して対応します。

台風など豪雨の後は濁りだけでなく、アカが流される。その後に晴れたら新鮮なアカが付くのでチャンスだ

夏晴れでよく日が照るとアカの付きもよくなる

好条件が揃えば釣果を伸ばすチャンス！

濁りは上流から改善する

釣行したら増水の濁流だったという場合でも、まずは毎日川面を見ているオトリ店の店主に逃げ場を聞いてみてください。そのうえで、基礎知識を活用します。浅場なのに足下も見えないような本流の濁りは、支流や上流部から薄れていく傾向がありますから、まずは上を目差します。これは増水時に減水が早い場所も同様です。たとえ午前中には変化が現われなくても、食事や清流の景観でも楽しみながら英気を養い、午後の好機に期待しましょう。

アユのねらい方を示唆する言葉で「朝瀬、昼トロ、夕のぼり」という言い習わしがあります。「朝は瀬をねらわないと釣れない、トロ場は追いが悪いから昼、夕食みで瀬肩に上がってくる」という意味ですが、それまで同ポイントへどういうサオの入り方をしたかは分からないので、絶対ではありません。

早見できる「ひと言」集

川と流れの構造を理解する

基本構造は「瀬」と「淵」の繰り返しです。瀬には追いのよい元気なアユがいます。淵などのトロ場は、瀬の魚影が少なくなってきたときに、そこで待機していた魚が入ってくる。つまり淵＝野アユの供給源。下流に淵や大きなトロ場のある瀬は魅力的なポイントです。

アユってそもそもどんな性格・習性・食性の魚？

ケンカっ早くて、ナワバリを守るためには身をていしてタックルを仕掛けてきます。基本的に1年で生涯を終えるそのサイクルは、「10～12月、中下流域で産卵」「10～14日で孵化して降海」「冬は沿岸にいてワムシを就餌」「3～5月、遡上」「6月、コケを食んで成魚になる」「8月末～落ちアユ。産卵準備」という生活環で成り立っています。

アユは孵化後の一定期間を海で過ごし、遡上する「両側回遊性」をもつ魚です。孵化後は自力で泳ぐことができず、そのまま流されて海にたどり着きます。途中に川をせき止める河口堰などがあると、大部分が死ぬか、魚たちに食べられてしまいます。

トロ瀬から始めてみる

初心者が最初の1尾を釣るために、「瀬尻で、流れがあるけれどそれほど強すぎないポイントの、石の後ろに入れる」とアドバイスしています。まずはオトリアユを石裏、瀬尻などの緩流帯へ入れて、なじむかどうかを確認しましょう。オトリアユが河川になじめば、上流に少しずつ上がっていきます。すると野アユのナワバリである石の近くへ差し掛かってチャンス到来です。

同じポイントで3分間泳がせる

瀬のなかに存在する比較的流れの緩やかな緩流帯へオトリアユを入れてじっくり待ち、水温や流れに慣らします。緩流帯とは石裏、瀬尻のトロ瀬などです。

1つのポイントで3分間泳がせ、掛からなければ次のポイントを探ります。すぐにあきらめてオトリアユを引っ張ってしまうと、釣れるチャンスを逃すだけでなく、オトリアユも弱らせて何もよいことはありません。

続・オトリアユの基本操作術

「張らず緩めず」で、ハナカンを通じてオトリアユに刺激を与えます。循環の釣りを途切れさせないためには、ダメージが少ない状態で野アユを掛けることが重要です。背部は肉厚で元気さを奪わないため、できる限り「背掛かり」を目差します。掛けバリのハリス長が長いと野アユの後部、短いと前部へ掛かりますから目安にして調整するのもよいでしょう。基本の長さは、尾ビレの先端～掛けバリのハリ先まで「指1本の幅」です。

条件別セオリー

水位以外は、あまり気にしなくてもいいことですが、総じて急な変化は野アユに悪い影響を及ぼすことが多く、追いが悪くなりがちです。また、雨天時は釣りザオへの落雷に注意してください。

5章

初心者
トラブルバスター集

無我夢中で掛けた初めての1尾から少しずつ経験を積んでいくと、いろいろなことに気が付いたり「壁」に当たって悩んだりする。それらはすべて上達への過程なので心配無用。本章ではよくある例やその対策、また知っておくと役に立つことなどを記したのでぜひ活用してほしい。

オトリアユがすぐにへばってしまう

▼

引っ張りすぎはNG。へばる手前に交換

アユ釣りでは釣れる度にオトリアユを交換していきます。循環の釣りといわれる所以です。しかし、なかなか掛からないと徐々にオトリアユは弱ってきます。釣り人はそんなときのためにあらかじめオトリ店で2尾のオトリアユを購入しています。最初のオトリがあまり泳がなくなってきたら、そうなる一歩手前で、「控え」のオトリアユと交換してやります。体力回復の早い養殖アユは引き舟の中でまた元気を取り戻します。

それでも掛からない――これもよくあるケース――という悪循環に陥ると、引き舟には弱ったアユしかいないという状態になってしまいます。面倒くさがらずに交換するのが〝コツ〟です。

さらに初心者の場合は、オトリアユが弱ってきたのを知らずに使い続けて余計に弱らせたり、誤った操作で体力を奪っていることも多々あります。これは「オトリアユがすぐへばってしまう」のではなく、自分でオトリアユを弱らせているのです。

仕掛けを張りすぎたり、ルアーのように乱暴に引っ張り続けるとオトリアユは当然疲れ果ててしまいます。

また、オトリアユを足もとから泳ぎ出させるとき、名手のようにサオを突き上げてオトリアユを水面まで持ち上げ、川面の流れに乗せてポイントへ送り込むことを繰り返していくと、名手のそれとは違ってあっという間に大切なオトリアユがクタクタになってしまうでしょう。

ステップアップで中上級の技術に挑戦することはよいことですが、やはり初心者の腕前に対して分相応の釣技があるものなのです。

弱ったオトリアユは流れに潜っていこうとせず、川底よりも中層を泳ごうとします。また、逆に川底に入っても休んでしまうので尾ビレのスクリュー効果が弱まり、根掛かりが増えます。こうなったら（本当はこうなる前に）即交換です。

イトを張りすぎたり、オトリアユを引っ張りすぎるとへばってしまう

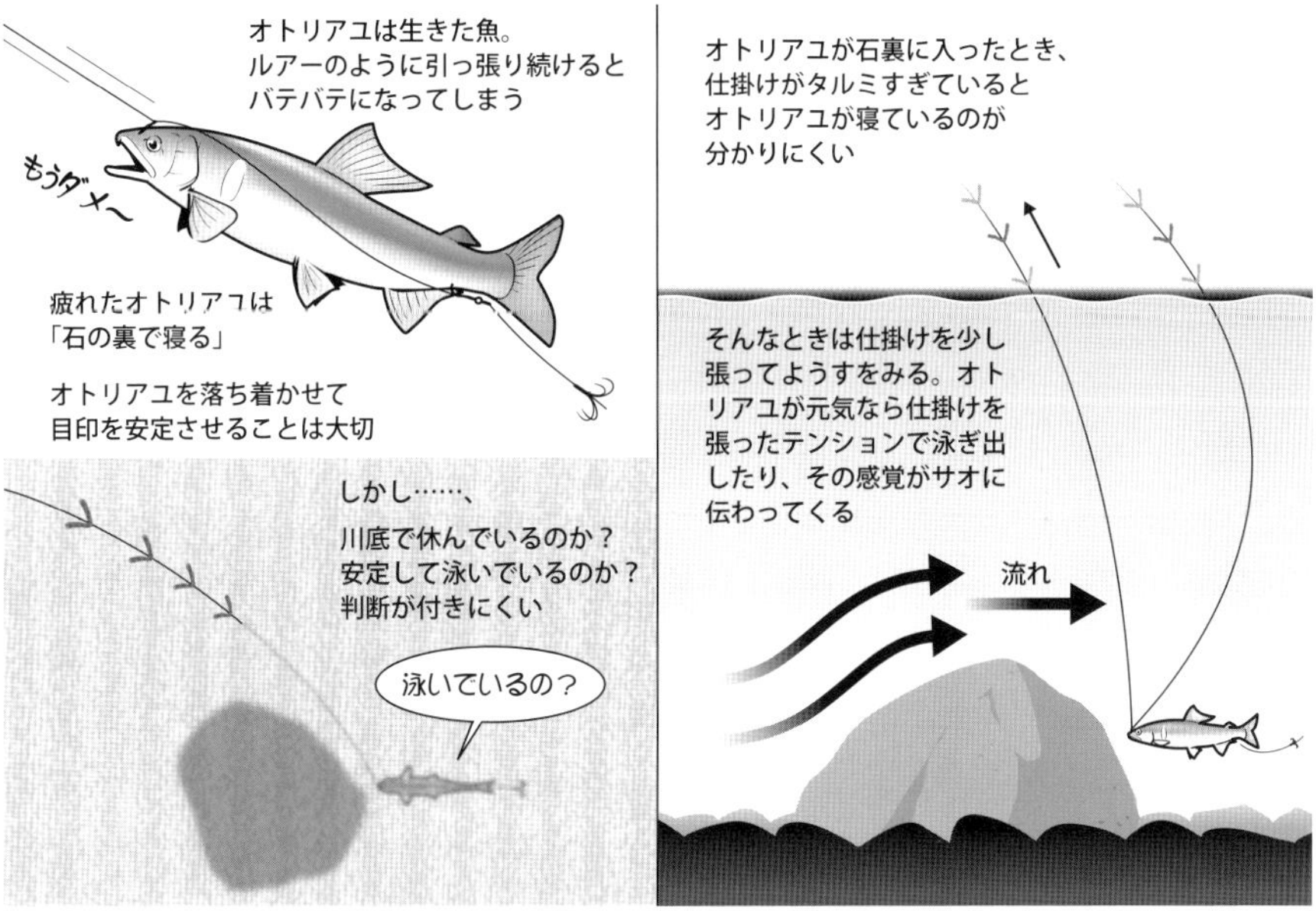
オトリアユは生きた魚。
ルアーのように引っ張り続けると
バテバテになってしまう
もうダメ〜
疲れたオトリアユは
「石の裏で寝る」
オトリアユを落ち着かせて
目印を安定させることは大切
しかし……、
川底で休んでいるのか？
安定して泳いでいるのか？
判断が付きにくい
泳いでいるの？
オトリアユが石裏に入ったとき、
仕掛けがタルミすぎていると
オトリアユが寝ているのが
分かりにくい
そんなときは仕掛けを少し
張ってようすをみる。オト
リアユが元気なら仕掛けを
張ったテンションで泳ぎ出
したり、その感覚がサオに
伝わってくる
流れ

オトリアユのローテーションを見極める

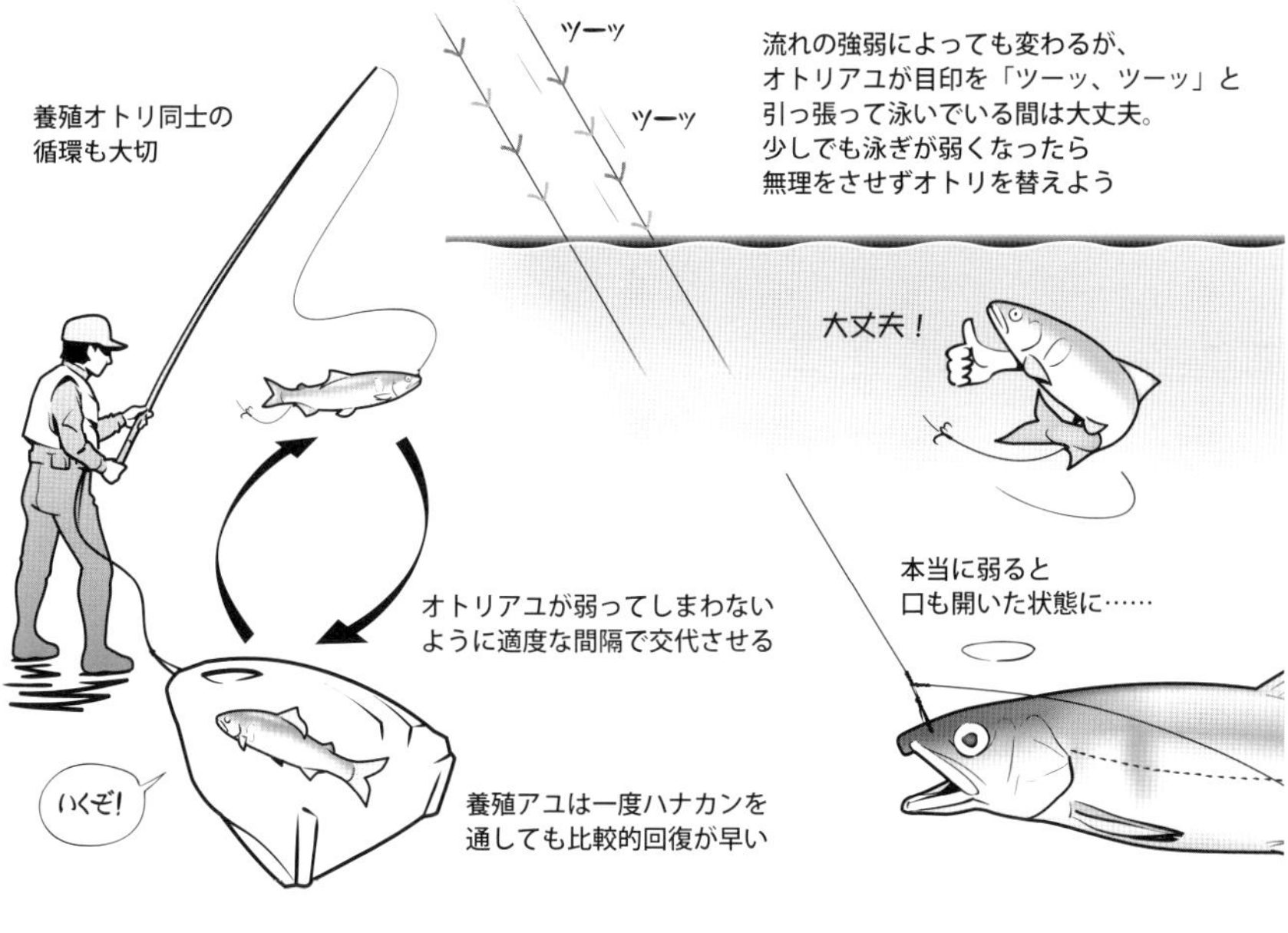
ツーッ
ツーッ
流れの強弱によっても変わるが、
オトリアユが目印を「ツーッ、ツーッ」と
引っ張って泳いでいる間は大丈夫。
少しでも泳ぎが弱くなったら
無理をさせずオトリを替えよう
養殖オトリ同士の
循環も大切
大丈夫！
オトリアユが弱ってしまわない
ように適度な間隔で交代させる
本当に弱ると
口も開いた状態に……
いくぞ！
養殖アユは一度ハナカンを
通しても比較的回復が早い

オトリアユが足元から泳ぎ出してくれない・手前で止まる

▼

最初は「暖機運転」、お次は「慣らし運転」で対応

養殖アユは稚アユから人工的に飼育池などで成魚になるまで育てられたもので、当然ながら食用としても出荷されています。スーパーの鮮魚売り場で発泡トレイに盛られたり、街の鮮魚店で笹の葉に乗せられたアユは、ほとんど養殖です。養殖アユは、よいコケを食べて大きくなった野アユとは別物です。オトリアユと野アユを一度食べ比べてみるとよいでしょう。

私たちが釣り場のオトリ店で入手できるアユも、ほとんどが養殖アユです。つまりオトリ店に寄ってアユを入手して釣る場合、養殖アユのオトリから始まるということです。

体力の回復が早い特徴がある丈夫な養殖アユですが、自然河川の環境には慣れていません。井戸水や沢水のイケスから急に放たれると、泳がなくなることもあります。

その理由は水温差にあります。春頃までは河川とオトリ店のイケスの水温（井戸水などを使っている場合）に大差はありません。ところが盛夏になると水温差は大きくなり、徐々に「水慣らし」をしないと、最悪の場合はオトリ缶にいるオトリアユを全滅させるほどのダメージがあります。

魚類は変温動物です。水温の変化にはとてもデリケートなことを理解する必要があります。

また、そんな環境下でオトリアユをいきなり瀬へ放しても、足もとからスイスイ泳がせるのは難しいものです。加減の分からない初心者が、吊り上げて流れに逆らいながらポイントへ入れようとしたら、オトリアユに大ダメージを与えてしまうでしょう。

基本は気長に待つことですが、それでも動かなかったら、イラストやDVD映像を参考にしてオトリアユを送り出します。そして、石裏の流れが緩い場所などで魚を慣らし、自らの意思で流れに乗るまで待ちます。新車の運転と同様、最初は暖機運転、次は石裏で慣らし運転をすると思ってください。

オトリアユが足元からなかなか泳ぎ出してくれないときは…「釣り人自身が上流へ行く」

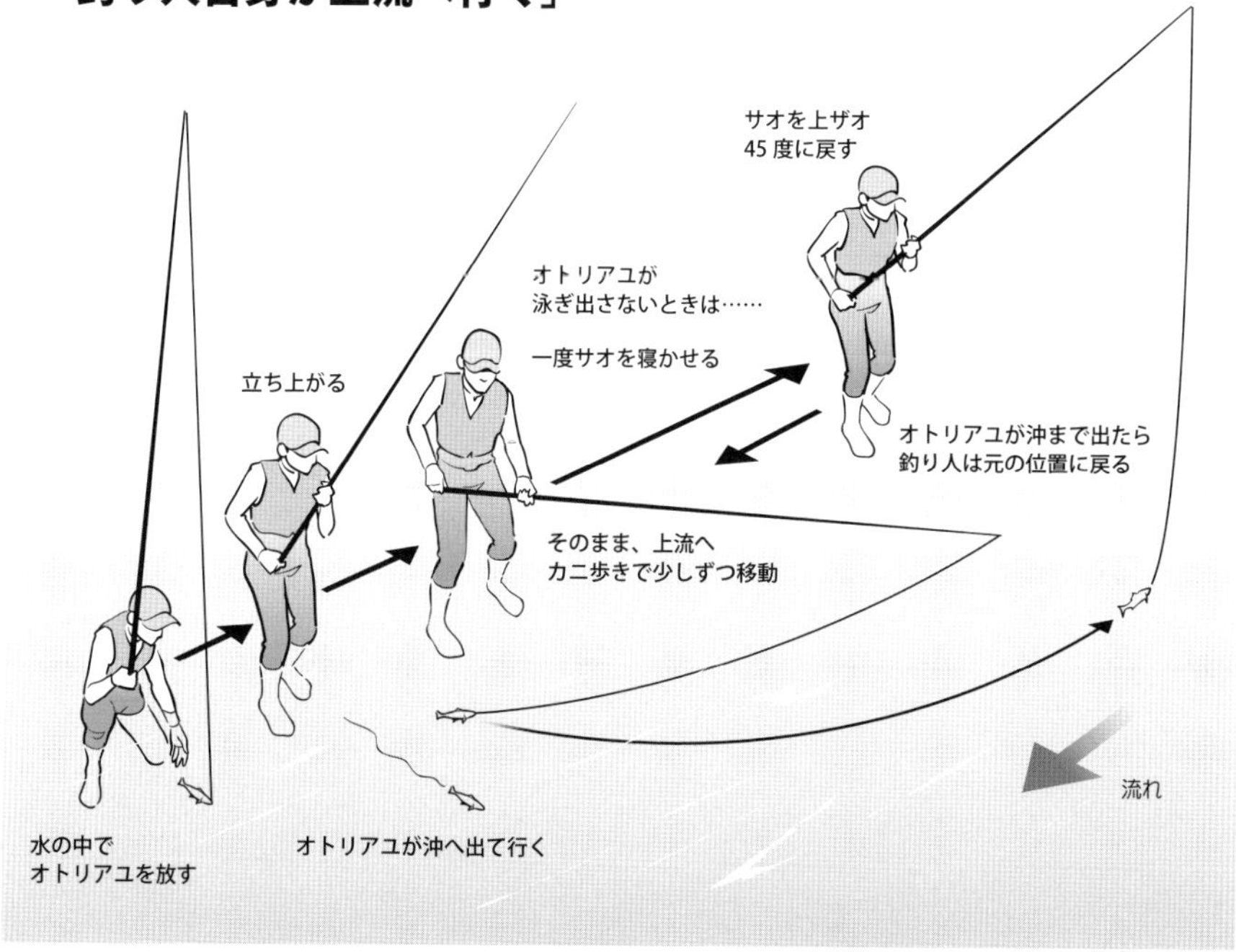
サオを上ザオ
45 度に戻す
オトリアユが
泳ぎ出さないときは……
一度サオを寝かせる
立ち上がる
オトリアユが沖まで出たら
釣り人は元の位置に戻る
そのまま、上流へ
カニ歩きで少しずつ移動
流れ
水の中で
オトリアユを放す
オトリアユが沖へ出て行く

オトリ店の水と川の温度差が激しいときは、水慣らしをしてオトリアユを川の水温に馴染ませよう

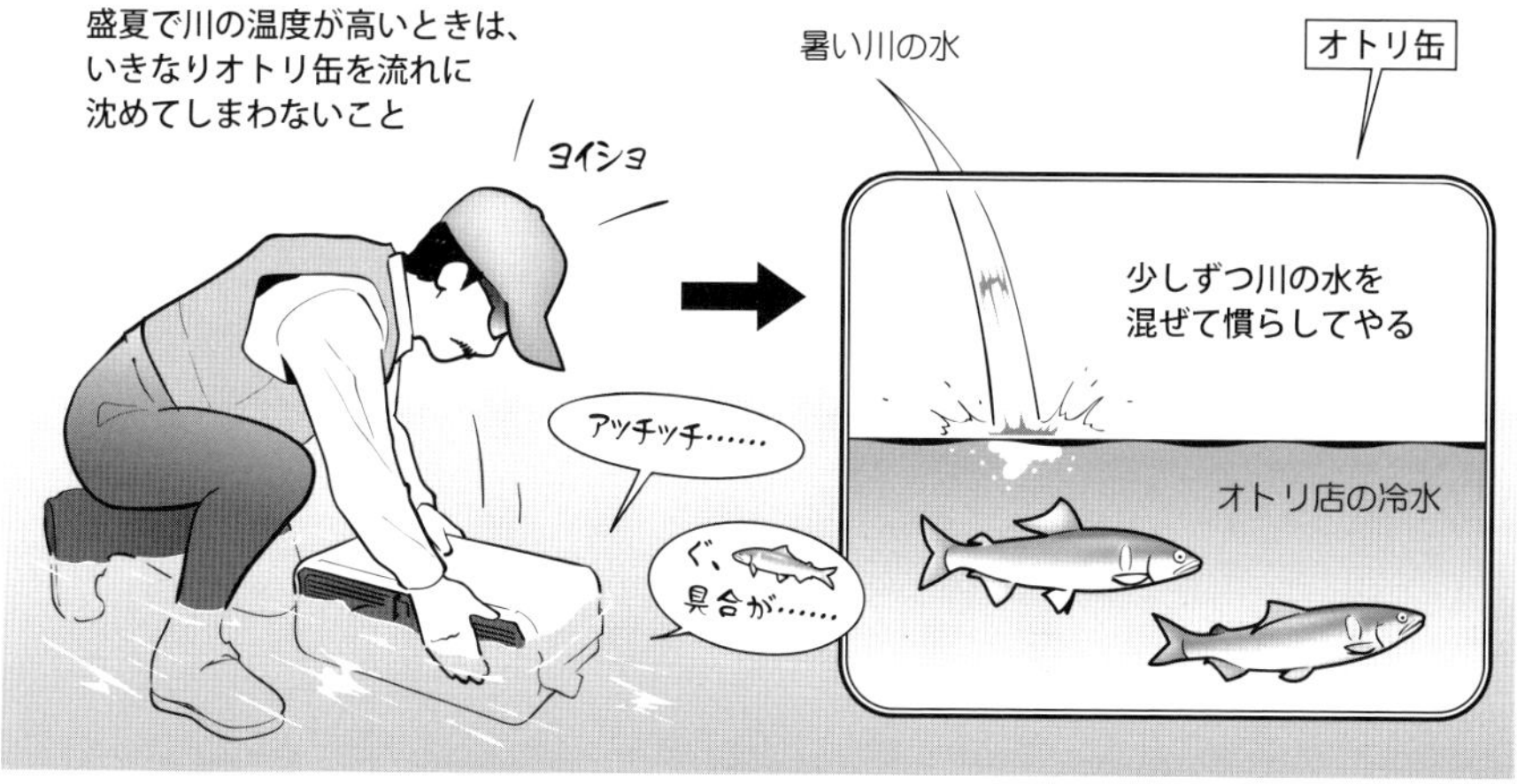
盛夏で川の温度が高いときは、
いきなりオトリ缶を流れに
沈めてしまわないこと
暑い川の水
オトリ缶
ヨイショ
少しずつ川の水を
混ぜて慣らしてやる
アッチッチ……
オトリ店の冷水
ぐ、
具合が……

エビが多発する

▼

たるませすぎ

「エビ」という現象はアユ釣りに独特の仕掛け絡みのトラブルで、オトリアユの後方にあるはずの掛けバリが、ハナカン上の水中イトに絡んだ状態を差します。このままオトリアユを持ち上げるとエビ反りになってしまうため「エビ」と呼ばれるのです。

エビはオトリアユに大きなダメージを与え、仕掛けが損傷することもあります。原因の多くは、初心者にありがちなのですが、水中イトのたるませすぎです。理屈としてはオトリアユや釣況に対して掛けバリが長すぎることも原因になりますが、実際はオトリアユの状態が分からないほど仕掛けがたるんでいる場合がほとんどです。

たるんだ水中イトはループを描いてハナカン～オトリアユの魚体を伝い、尾ビレ方向へ伸びて、掛けバリへ到達します。このとき、オトリアユを挟んで離れていたはずの水中イトと掛けバリが接触する状況になるわけです。

オトリアユが弱ったときもエビは起こりやすくなります。疲労して泳ぐ力が弱ると、水中での反転流などに巻き込まれてしまうのです。このとき掛けバリが水中イトを引っ掛けるとエビになります。

エビはオヤコドンブリ（親子丼）というトラブルも招きます。これはオトリアユを「親」と呼ぶこともあることから、掛けた野アユと同時に失ってしまうことを差します。エビでハナカン上部がこすられるとイトが傷つき、このまま野アユを掛けるとオヤコドンブリの危険性が高まります。

「ダンゴ」というトラブルもあります。オトリアユと野アユが絡んだようすを丸まったダンゴにたとえています。ダンゴもエビ同様に、たるませすぎで野アユが掛かったのが分かっていないことで起こることが考えられます。

おかしいなと感じたら、オトリアユを手元に寄せて確認するのが一番。そして、エビが多発するときは「張らず緩めず」をもう一度意識しましょう。

エビが多発する場合は……

仕掛けをオバセすぎている→ほとんどの原因は「たるませすぎ」

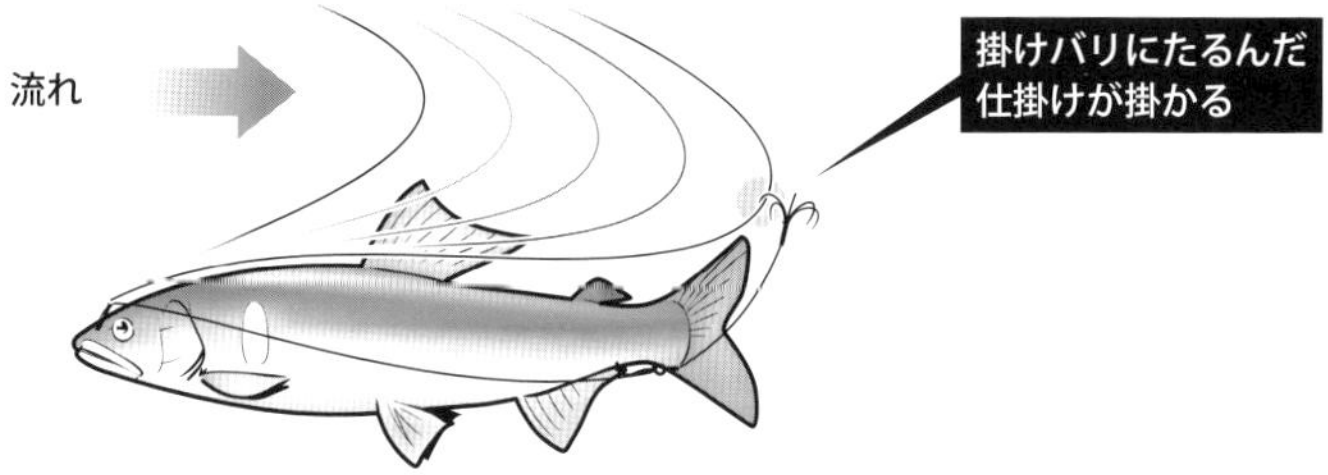
流れ
掛けバリにたるんだ
仕掛けが掛かる

オトリアユが弱っているときもエビになりやすい

泳ぐ力が弱いので水中の反転流などに巻き込まれて仕掛けが絡む

掛けバリが長すぎても
エビになりやすい

**掛けバリがイトに絡んだままの状態で
オトリアユを持ち上げてしまうと……**

**三角状態で引っ張られてオトリが
エビ反りになってしまう**

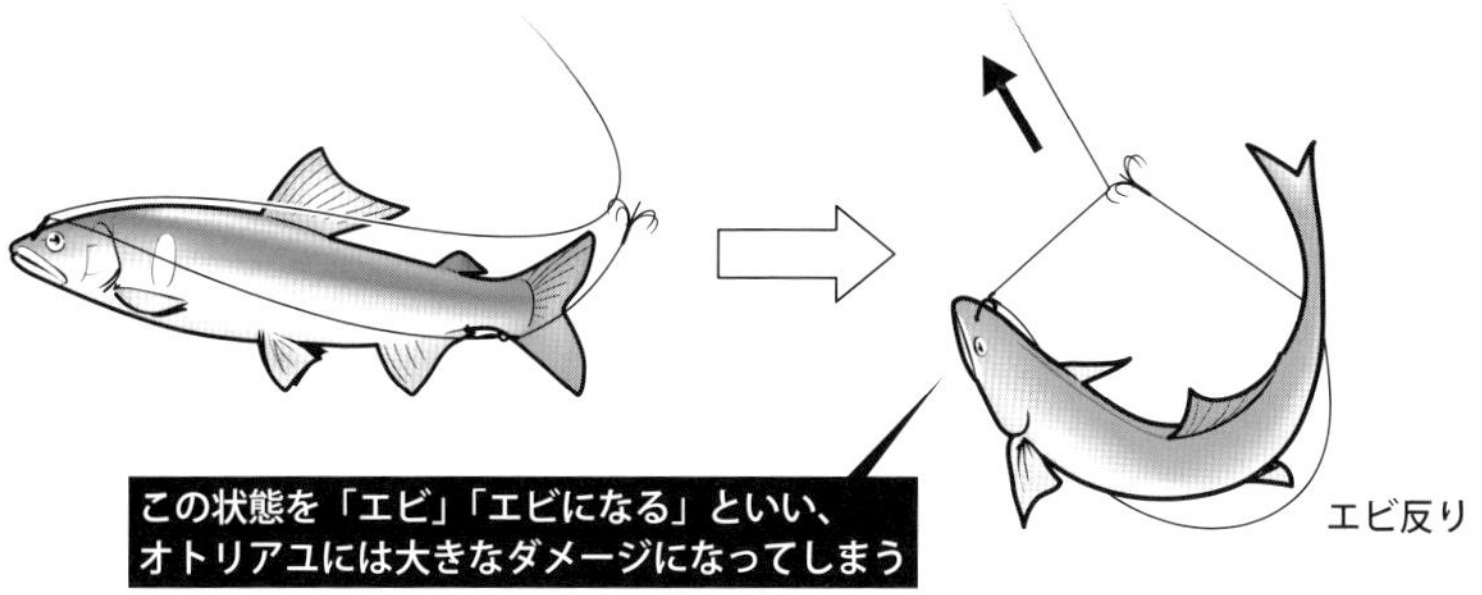
この状態を「エビ」「エビになる」といい、
オトリアユには大きなダメージになってしまう
エビ反り

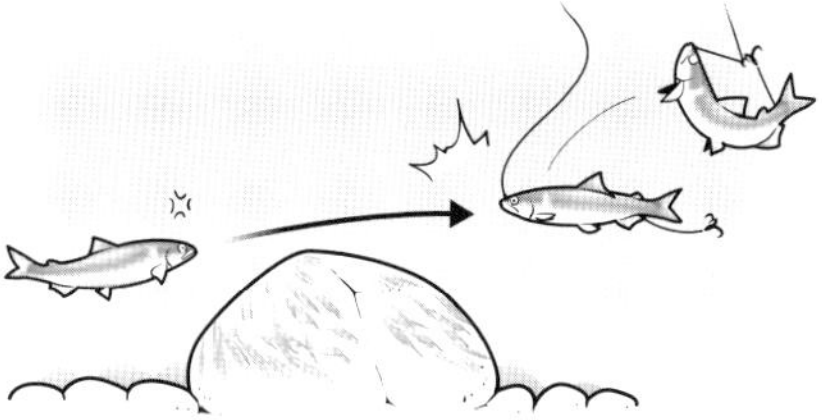

**●ほかには……
オトリアユが野アユに追われてケラレた
ときにもエビになることがある
（この場合は追い気のある野アユがいる！）**

チャラ瀬でよく根掛かりしてしまう

▼

オトリアユの尾ビレの振りが弱い

根掛かりの多くは「オトリアユが尾ビレを振って泳いでいない」ためだと思います。船舶のボートでたとえてみましょう。モーターボートは船尾のスクリューの回転から得られる推進力で水上を滑走します。このとき、後方には水流が生じて水中でさまざまなものが舞い上がります。

オトリアユも元気に尾ビレを振って進もうとすれば、後方には水流が生じます。こうしたスクリュー効果によって掛けバリのハリスが張り、掛けバリが尾ビレ後方で漂うことで底石への根掛かりは起こりにくくなります。

さて、「チャラ瀬」です。これはチャラチャラと水面が波立つような浅瀬を差し、あまりに浅いと「ドチャラ」とも呼ばれます。こう書くと軽視されがちな瀬の一種に受け取られますが、意外なサオ抜けになっていたりします。チャラ瀬へオトリアユを入れてみる探求心を持つことは大事だと思います。

そんなチャラ瀬で根掛かりするのは、「水深の浅い場所なのに、オトリアユが泳がない」、つまりオトリアユが相当に弱っているということでしょう。

初心者は根掛かりを頻繁に起こしますが、チャラ瀬なら簡単に手で外せます。ところが立ち込めないような深場ではつい無理に水中イトを引っ張ってしまい、仕掛けが切れてオトリアユを失います。何度も繰り返すと、オトリアユがいくらあっても足りません。

私はこうしたトラブルも含めて、「初心者は浅場をねらいましょう」と勧めています。

根掛かりを外すときは、サオの穂先が鋭角に曲がって破損する可能性があるので、ズームは必ず短くし、または元ザオ1本を縮めて仕掛けを長めにします。仕掛けの張りが強い状態で水中に手を入れると、外れた勢いでイカリバリが刺さったりするので注意してください。外れにくい場合は、直接ハナカンの下を持って引き上げオトリアユだけは救出しましょう。

根掛かりはオトリアユが尾ビレを振って泳いでいない証拠

オトリアユが元気よく尾を振って流れに逆らっているときは
掛けバリが浮き上がり、根掛かりは起きにくい

オトリアユが弱って流れに負け始めると
掛けバリが垂れ下がってしまい、底石に掛かる

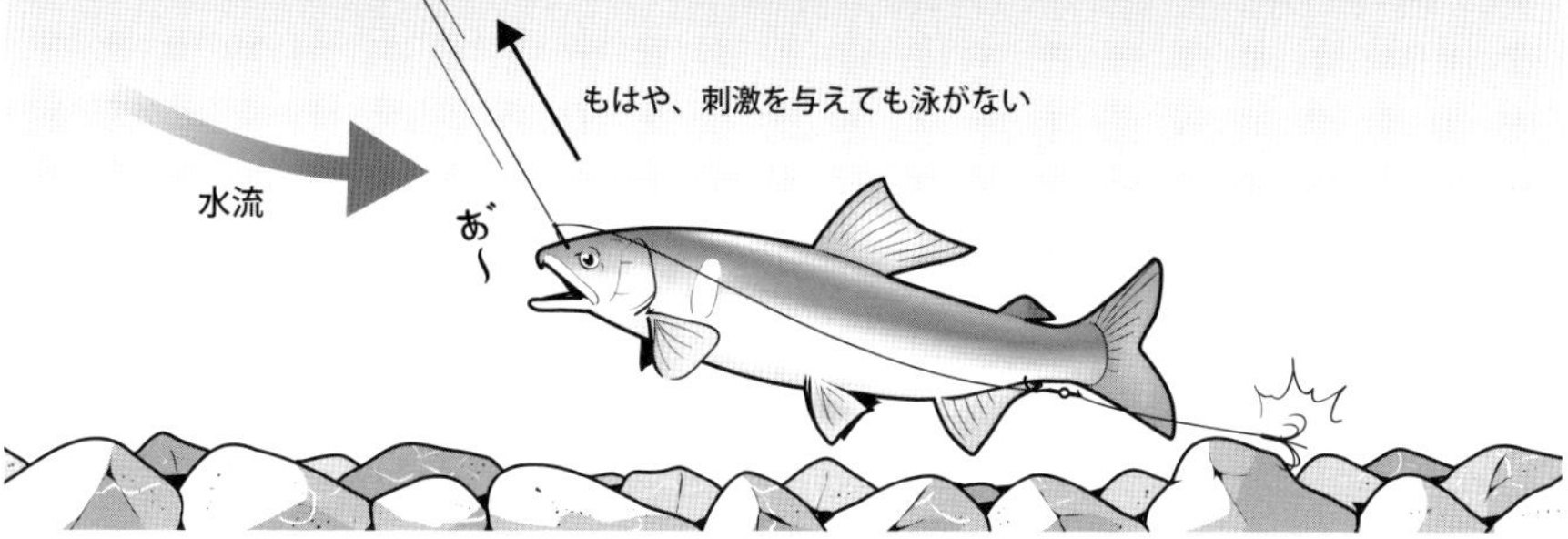

初心者は浅い流れをねらおう！

立ち込めないような深場で根掛かりさせてしまうと対処できない。
無理にイトを引っ張ると切れてオトリアユごと失ってしまう

☆水深の浅いチャラ瀬なら
手や足で外すことができる！

石に根掛かりしたら流れに手を入れて外す。
石が動かなかったり、手が届かないなら
足で探ってみよう

…それでも外れなければ、

ハナカンの下を持って引き上げる
（オトリアユは死守！）

「オトリが泳ぐ感覚」が分からない。上手く泳いでいるか心配

▼

サオに集中、目印を注視

アユ釣り初心者には特にありがちな悩みですね。私は常々、「(サオを)持っていれば、分かるものだよ」と答えています。

オトリアユを泳がせていて、目印がスイスイと移動しているときはビギナーでも一目瞭然です。しかし、途中で止まったり、あまり動かなくなると、「本当に泳いでいるのか?」とだんだん心配になってくるのでしょう。

オトリがきちんと泳いでいるのかどうかを確認したいときは、穂先が少し曲がる程度にサオを上げてラインを張り、ようすをみます。するとオトリアユは何らかの反応を示すはずです。反応の有無はサオ越しに感じ取れるほか、目印を見ていても分かります。目印がそれまでと同じ状態で変化がなければ、オトリアユも働いていないということです。

「ラインを張り」と書きましたが、アユの友釣り、特に泳がせ釣りにおける張りの基本的な力加減は、何度も繰り返しますが「張らず緩めず」ですから、あくまでもその範囲内で仕掛けの張り具合(オバセも含めて)を探ることになります。

オトリのようすを探っているとき、わずかに中ハリスに掛かる低刺激は、ハナカンを通じてオトリアユに反応を促します。元気なオトリアユなら今までと違う刺激を受けて泳ぎが変化します。この瞬間を見逃してはなりません。ですから釣り人は常に集中している必要があります。

反応がない場合は、オトリアユが川底でジッと休んで泳いでいないことが考えられます。これでは野アユは脅威を感じないので追い払おうとしません。

刺激を与えてもオトリアユの反応がハッキリしないときには、交換のサインと考えることも判断の1つです。代打要員に待機させていた元気な養殖アユ(体力回復が早い)に取り替えて、オトリの泳ぐ感覚を把握するようにしましょう。

オトリアユがイヤイヤをするのはなぜ?

▼

サオを寝かせる→立てるでコントロール

子どもが大人に駄々をこねるとき、「イヤイヤをする」とよく表現しますね。アユ釣りの場合は、オトリアユがまさに嫌がる子どものように頭を振って底へ突っ込もうとしたり、釣り人が制止しようと引けば浮き上がったりしてしまい、泳がせ釣りが成り立ちにくい状況をいいます。

アユ釣り用語としては初心者の方には聞きなれない言葉かもしれませんが、経験者は「オトリがイヤイヤしちゃって……」などと言ったりします。

では、オトリアユはどうして嫌がっているのでしょうか。理由は大きく2つあります。1つは目の前に強い流れなどがあり、そこへ入っていくのを嫌がっている状態。もう1つは元気がなくなっていて休みたい、泳ぎたくないという意思表示です。

前者の場合、無理にサオでオトリアユを引っ張ったりするのは禁物です。後者は、逆にイトを張りすぎていたのかと大きく緩めればオトリアユは水底で休んでしまい、これによってエビを引き起こすかもしれません。

オトリアユが頻繁にイヤイヤをしたら、引き舟で待機させている元気なほうと交換するのがよいでしょう。そのまま使わなければならない状況の場合は、オトリが足元から泳ぎ出してくれない・手前で止まる」の項目のイラストのように一度サオを寝かせるのも手です。上流へサオを寝かせ、水面に対して仕掛けの入角を鈍角にすることで、オトリアユは頭を下げて水底へ入っていきます。

そして底へ入ったのを確認したら、ふたたび泳がせ釣りの立てザオにします。ここでイヤイヤをするなら、もう一度サオを寝かせてオトリアユを入れてみましょう。そしてオトリアユがいい状態になったら、もう一度上ザオに立てるのです。

「イヤイヤ→サオを寝かせる→オトリアユが入る→サオを立てる」で対応しましょう。

引き抜きが上手くできない

▼

タモの面を向ける&サオを突き上げる

現在のアユ釣りではよほどの大型でない限り、取り込みは引き抜きが主体です。引き寄せてキツネつまみでタモ入れする引き寄せと比較することが無意味なほど、引き抜きは最初から身につけるべき基礎技術になりました。

オトリアユと掛けた野アユを水面に誘導して、水面を割ったらそのまま空中を飛ばしてタモに収める引き抜きは、釣りジャンル全体の中では独特な取り込み方法です。その見た目から、最初は何かものすごいことが行なわれているように感じるかもしれません。しかし案ずるより産むが易しで、何度か経験すればそれほどは難しくないと実感できるはずです。

引き抜きはサオの弾力を生かして慣性で飛ばすのでアユに余計な負担がかからず、一瞬で取り込むことで弱らせない利点があります。その意味では実に合理的な方法といえるでしょう。

しかし、釣り場で見ていると確かに引き抜きが苦手（下手）な人はいます。「失敗するんじゃないか」と萎縮してしまう人は、最初の1尾は引き寄せで取り込んでももちろんかまいません。DVDにも収録しているのでご覧ください。また、通常よりもやさしい簡単な引き抜きも実演しました。これは一度しゃがんだ姿勢から立ち上がることで自然に引き抜きができる方法で、ここからスタートするのもよいでしょう。

引き抜きの具体的なコツを2つ挙げると、タモはバスケットのゴールのように枠を水面と平行にするのではなく、垂直に立ててアユが飛んでくる方向に面を向けること。もう1つは飛ばす際にはサオをスーッと天に突き上げることです。

コツが分かるまでは短めの仕掛けで行なうのもよいでしょう。手尻（サオの全長よりも長い仕掛けの部分）が長いと、感覚的に違和感を覚えるのか、妙にぎこちなくなる傾向があります。ズーム機能の付いたサオなら、1番伸ばした状態にして引き抜けば楽です。

名手のように強い瀬をカッコよく釣りたいのですが

▼

初心者には勧めません

強い流れの瀬を釣るときなどに便利な補助器具として「背バリ」や「オモリ」があります。どちらも上手に使うと便利で効果があります。しかし、ご存じのとおり本書では私は取り上げていません。

これは背バリやオモリを否定しているのではなく、「通常の泳がせ釣りでオトリアユが泳げないような強い流れを、初めてアユ釣りをする人がねらうべきではない」という考え方からです。

私はアユ釣りの基礎を学ぶ方法として、「泳がせ釣りで、まずオトリアユの泳ぎを理解する」ことが大切だと考えています。

オモリはハナカンから上の下付けイト部分に各サイズのオモリを使い分けて付けることで、オトリアユを効果的に川底に沈められるアイテムです。背バリも同様の効果があります。オトリを入れるのに技術を要する強い流れの瀬は、サオ抜けになっていることもあり、オトリアユが入ればそこで野アユが掛かってくれるかもしれません。

しかし、私の「決め付け」から始まっている本書の読者の皆さんには、背バリもオモリも使わないノーマルな仕掛けで泳がせ釣りを体験することから、オトリアユの動きやアユ釣りの基本、その仕組みを理解して欲しいのです。

しばらくの間は分相応のポイントで「オトリアユが、しっかり尻尾を振って泳いでいる」ことを実感してください。これを積み重ねることでアユ釣りの基礎が確固たるものとなり、釣技向上の将来性も見えてきます。

初心者が釣りにくい場所は、初心者の釣りが通用しないと判断して、将来的に攻略する目標と考えましょう。

それでも自然が相手のアユ釣りでは、川が増水していたりして一筋縄ではいきません。そんなときには、完全仕掛けをより高比重なものに替えてみてください。背バリやオモリの効果には及びませんが、オトリアユが潜行する助力を得られるでしょう。

オトリ交換などのとき、サオをかついで両手を上手く使えない

▼

サオ尻付近を肘でしっかりと固定

アユ釣りでは、サオを肩にかついだ状態のままで実にいろいろな作業をします。DVDでもこの姿勢は何度も登場しています。サオを不自由なく担げないと、徒歩移動はもちろん、仕掛けの取り付け、オトリ交換など、河川へ立ち込んだままの作業全般が困難になります。つまり、サオが上手に担げないというのは、釣りをする以前の問題なのです。

この姿勢&動作が身についていない人は、野アユを1尾掛けるたびに、取り込んだ後で河岸へ上がり、草を捜してサオを置き……これではトラブルを招くだけです。

両手を上手く使えないという方は、サオをしっかりホールドしていないことが考えられます。まず、人の肩を抱くような感じでサオを担ぎます。そして回した肘からサオ尻が少し出るくらいの位置でしっかりとサオを固定すれば、両手が自由に使えるはずです。

それでも河川に立ち込んでいるときは、引き舟やその紐が気になったり、足元に注意がいって、両手が使えるといっても普段ほど自由ではないかもしれません。それを補うために、身体のほかの部位も動員して作業を行なうと楽になります。

手や肩以外で使うのは口です。たとえばサオに仕掛けを取り付けたとき、川風で吹き流されないようにハナカン周りの中ハリスを口にくわえることで両手は自由になります。ハリスケースから掛けバリを出したときも、1本取り出したら一時的にくわえ、ケースを閉じてベストの胸ポケットへ仕舞い、自由になっている手で逆バリをつまんでから口の掛けバリを手に取り、自動ハリス止メに取り付けるといった手順です。

ちなみに、釣り場で「サオを担いでいない釣り人」が河原にいたら、その近くにサオが置かれている可能性が大です。無用のトラブルを避けるためにも近づかないようにしましょう。

引き舟やオトリ缶のアユがいつの間にかヨレヨレに

▼

盛夏の浅場は高水温に注意

常識的に、アユの入った引き舟を浅い場所でガラガラ引くのはよくありません。底石の衝撃が魚に伝わるからです。引き舟は水で満たし、流れにさらされることで製品の能力を発揮する道具です。また、水が充分に入ってこないのはアユにとって致命的です。

　引き舟からアユを出すときだけは、アユを逃がす危険があるため、水を減らして開けるようにします。このときは浅場へ移動してしゃがみ、タモの柄を腰に差したり、ひざ裏に差したりして網面を水平に固定し、ザバッと引き舟からアユをタモへ流し入れます。こうすれば目視で、活きのよいオトリ向きのアユを選別することができます。

　ところが、しゃがんでタモを水面に浸しながら作業できる浅場の水温は、盛夏の炎天下では29〜30℃にもなっていることがあります。こんな場所にオトリ缶を沈めていたら、中のアユが弱ります。減水したのに気づかずオトリ缶が照りつけられるのも最悪です。そもそもアユの生息適水温は14〜15℃、あるいは20℃という人もいます。

　逆にこんな例もあります。友釣り発祥の地、伊豆・狩野川において夏の瀬はいうまでもなく適水温ですが、温泉地で地熱の影響もあるのか、真冬でもなかなか10℃を切りません。これが寒期でも追う野アユを育んでいると推察できます。しかし河川の水温が高くても、オトリ店のイケスが冷たい支流の水、井戸水などを使っていると、河川と水温差を生じている場合があります。このときはアユの水慣らしに注意しなければなりません。

　高温でアユが弱った場合の応急処置ですが、少しでも水温の低い底水にさらすことを考えます。適度な水深と流れに勢いがあって日陰なら理想的で、そのような場所で荒療治として引き舟に重石をするか、壊さないように注意して踏んで沈めます。引き舟にアユを入れすぎても弱るので、ある程度の数になったらオトリ缶に移してください。

タモの外でオトリアユにハナカンを通すのが怖い

▼

最初はタモの中で行なう。手の平でハリス周りを包み込めば大丈夫

オトリアユにハナカンを付ける作業は、3章で記したとおり基本的にはタモの外で行ないます。とはいえオトリアユを逃がしては元も子もないので、慣れるまではタモの中で行ないましょう。DVDで実演しているように、手の平の中にハリス周りを包み込んで持つようにすればタモにハリが刺さるトラブルを防げます。

オトリアユにハナカンや逆バリを付けるときは、必ずアユを押さえなくてはいけません。しかし水温＝体温である魚に対して、いきなり体温36度くらいの人間が乾いた手でギュッと握ってしまうと、相当なダメージを与えてしまいます。

友釣りの入門書などでは、よく手を濡らして冷やし「指で目を隠すように持つ」という方法が紹介されています。アユの視界を遮り、暗くすることでおとなしくなるというものです。ところが、その目の近くに鼻があるわけで、ハナカンを付けるときに指を離して急に明るくなったらオトリアユが暴れてしまうこともあるでしょう。また、あまり強く握ってしまうとかえってオトリアユが嫌がります。

私は以前からもっとシンプルな方法で作業をしています。よく手を冷やしたら親指以外の4本指を曲げ、指の腹にアユの腹を乗せる。これだけです。ただし吹きさらしの空気中で行なうとオトリアユが暴れますから、魚体の半分を水へ浸して半身浴させます。おとなしくなる浸かり加減は、手を上下させて探ってみてください。ハナカンや逆バリを付けるときはさすがに握りますが、逃げられてもタモの中なので安心です。

オトリアユにハナカンを通す作業は初心者にとって難関の1つですが、何度もタモの中で行なうことで、そのうち自然に外でもできるようになります。最初はオトリアユを弱らせてしまいがちですから、その点でも頻繁に交換して作業に慣れましょう。

オトリアユが落ち着かないときは手を上下して大人しくなる深さを探ってみる

ギュッと力を入れなくても
オトリアユはジッとしている
指を曲げて
アユの腹を乗せ
半身浴させる
水中
手を上下して探る

※「目を隠すように持つ」ことだけを意識しすぎると、オトリが暴れてハナカンが付けにくいことがある

最初はタモの中でハナカンをオトリアユに通すようにしよう

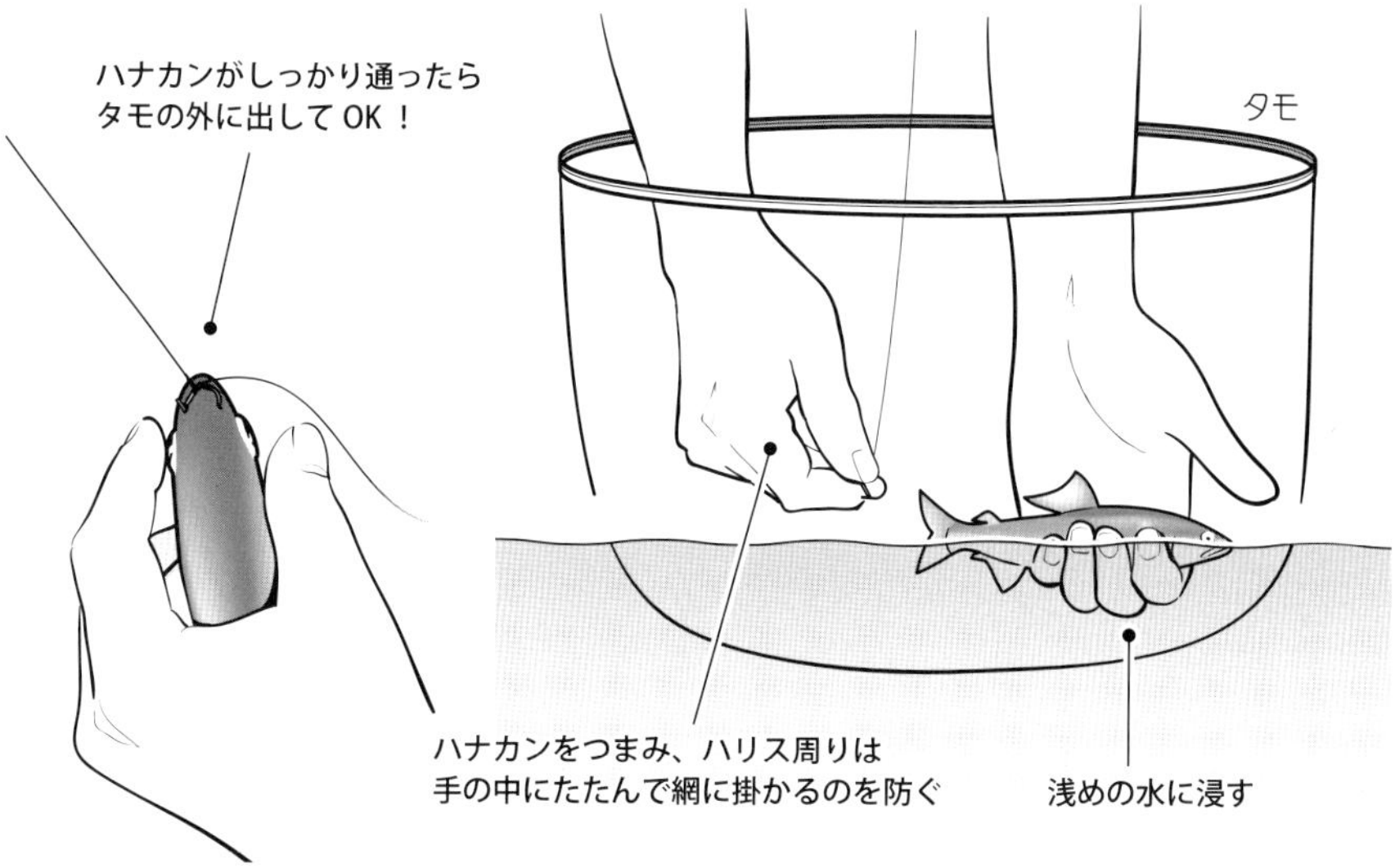
ハナカンがしっかり通ったら
タモの外に出して OK ！
タモ
ハナカンをつまみ、ハリス周りは
手の中にたたんで網に掛かるのを防ぐ
浅めの水に浸す

腹掛かりや頭、目に掛かるのを避けるには

▼

ハリスの長さを調整する

友釣りは掛けたアユをオトリにする循環の釣りですから、いかに手返しよく時合を途切れさせず円滑に釣り続けられるかが重要です。

サオ操作や仕掛け周りの手返しは釣り人側の慣れの問題で、経験と努力次第で安定性を図れます。しかし、一番重要なオトリアユの活き（コンディション）は、掛けた野アユの状態に左右されます。掛かりどころが悪いアユをオトリに使うと、それまでの循環にブレーキをかけてしまう場合があります。

たとえば運悪く掛けバリがアユの神経を捉えてしまうと、一発即死の死後硬直状態です。目に刺さった野アユをオトリアユに使用すると、隻眼で見えている方向にしか泳がなくなります。腹掛かりで内臓の出たアユは当然元気に泳ぐわけがありません。尾ビレの振りも肝心要で、尾ビレ側の骨に深く刺さると遊泳力に影響を及ぼします。

ではダメージの少ない口はどうか？ぜいたくな話ですが、どうも他の掛かりどころと比べると釣り味に物足りなさを感じてしまいます。

そこでアユへのダメージが少なく、釣り味も豊かな部位を考えると「背部」が理想になるのです。背中は肉厚でハリの掛かりに耐えられ、傷ついても活力を奪いません。

背掛かりの確率を上げる方法として、私は自著『アユ釣りがある日突然上手くなる』（つり人社）P16でハリスの長さ調整を推奨しました。要約すると、魚体から掛けバリが離れているほど、野アユの後部（尾ビレ寄り）にハリが掛かりやすくなり、ハリスを短くすれば前部（頭部寄り）に掛かる傾向が高まるということです。

この応用でハリスの長さを探り、背掛かりの頻度を上げるというのが私の考えです。

背中よりも前に掛かってしまう場合はハリスを長く、後ろに掛かる場合は短く調整することで、次第に背掛かりのヒット率が高まるはずです。

ハリスの長さを調節して理想の背掛かり率を上げよう

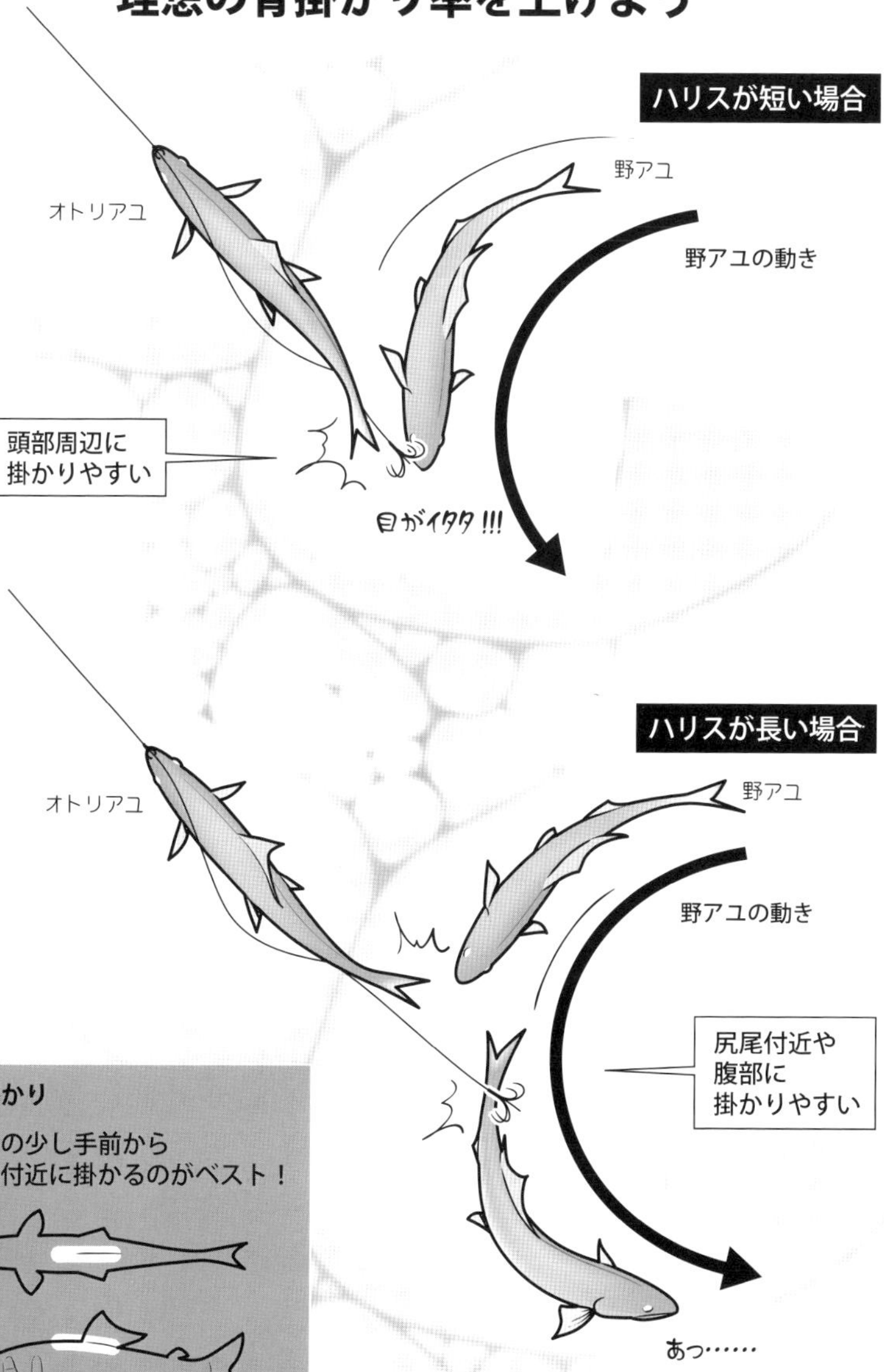
ハリスが短い場合
オトリアユ
野アユ
野アユの動き
頭部周辺に
掛かりやすい
目がイタタ!!!
ハリスが長い場合
オトリアユ
野アユ
野アユの動き
尻尾付近や
腹部に
掛かりやすい
あっ……

●背掛かり

背ビレの少し手前から
背ビレ付近に掛かるのがベスト！

逆バリがすぐ外れてしまう・逆に外れない

▼

正しい位置にしっかり刺してハリ先を抜く

　逆バリ（さかバリ・ぎゃくバリ）は、オトリアユの尻ビレ付近へ打つための小さなハリです。掛けバリの位置をオトリアユの近くへ安定させる役割を担い、野アユが掛かったときは、掛けバリをしっかりと食い込ませるためにも欠かせないものです。

　野アユを掛けたら逆バリがオトリアユの魚体から離れるのが基本ですが、浅く刺していると軽い根掛かりでも外れてしまうので、しっかりと刺しておかなければいけません。釣りの最中に逆バリが外れると、オトリアユから掛けバリが離れてしまうので野アユはなかなか掛かりません。逆に根掛かりが増えます。

　逆バリを打つ位置の基本は3章でも図解しましたが、ビギナーに分かりやすくて外れにくいのは、尻ビレのすぐ上に並んでいる小さな点状のところだと思います。ここにハリ先を立てて突き刺し、必ずハリ先が抜けるようにします。ビビッて刺さりが浅く抜けていないとすぐに外れてしまいます。

　私は「逆バリは上手に刺したら、しっかり止まって、野アユを掛けたときには切れやすいもの」だと思っています。また、逆バリをあまり前に打つとオトリアユの泳ぎを妨げるので、尾ビレ側へしっかり刺します。

　野アユが掛かったら、しっかりサオを絞り（曲げて）、逆バリが外れるのを待ちます。初心者は決して真似してはいけませんが、名手によっては上ザオで寝かせてあおって逆バリを切るさまが、まるで合わせているように見えるほどです。極端な例ですが、この逆バリが外れたとき、ガクンと衝撃が起こり、野アユへ掛けバリがさらに深く刺さる追いアワセ効果が生じます。

　また、逆バリが外れる前に何度もバラシが起きることがあります。これは底石などに当たって掛けバリのハリ先の鋭さが失われている可能性があります。この場合は掛けバリを交換してみてください。

逆バリは、こわがらずにしっかりと刺すこと

上手に刺した逆バリは「外れにくく切れやすい」もの。もしも刺さりが悪いと感じたときにはハリ先がなまってきていることが考えられる（気になる場合は軽くヤスリで研いでもよい）

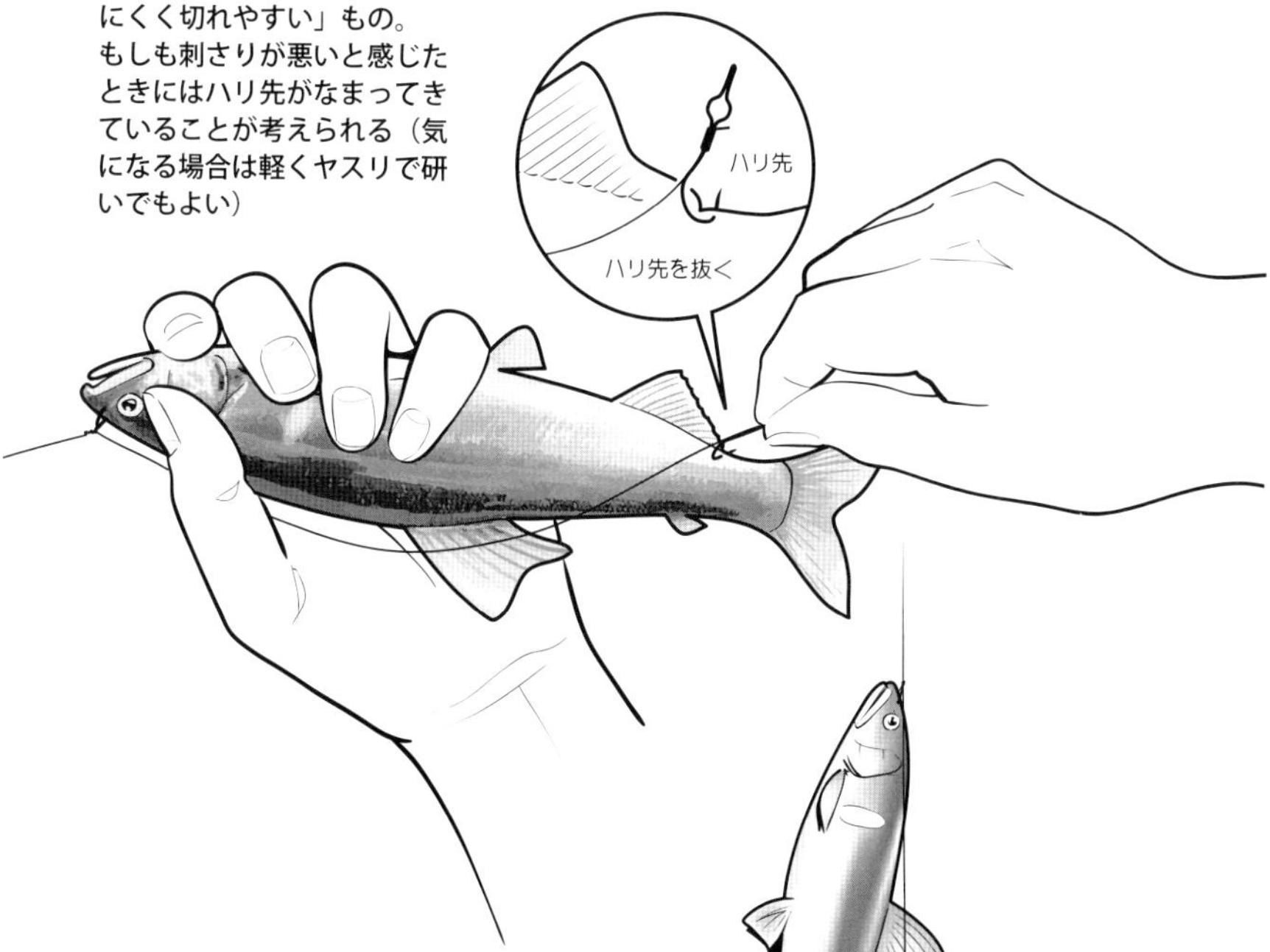

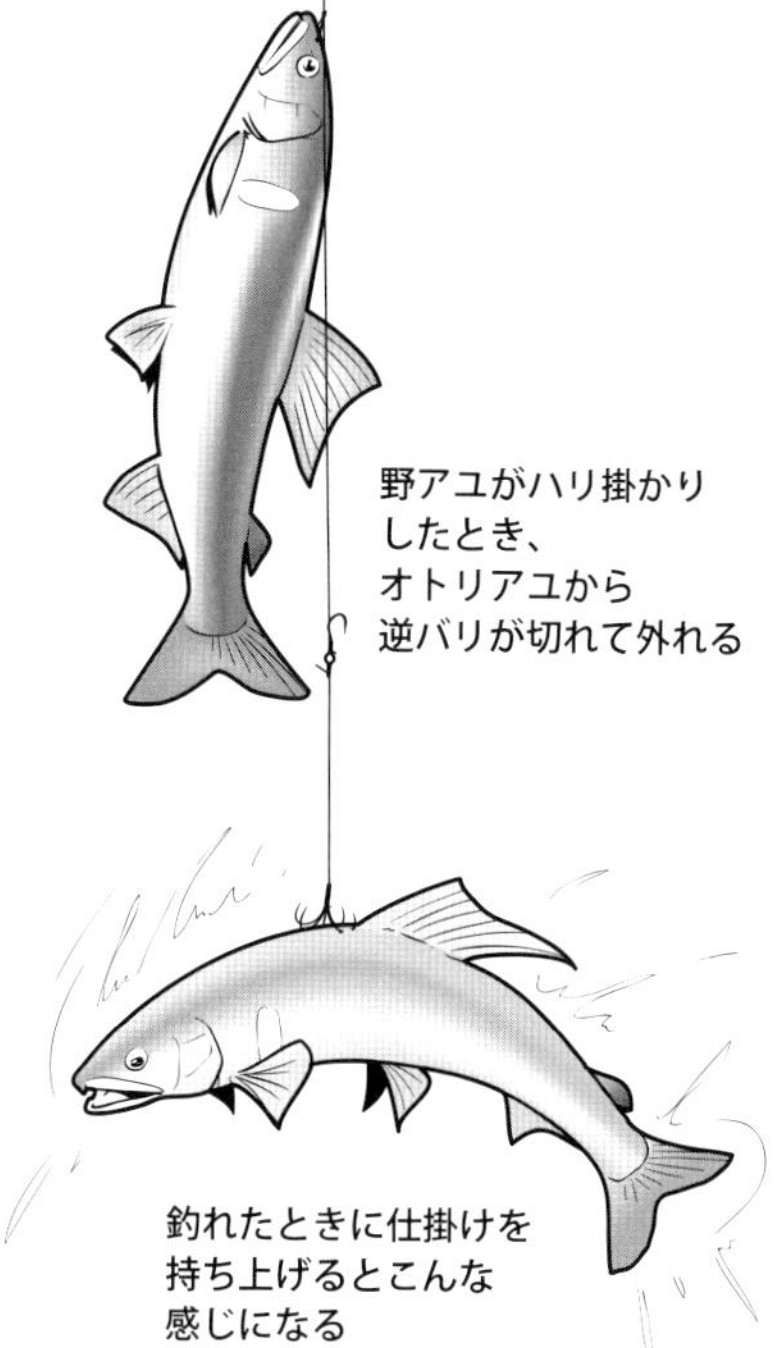

野アユがハリ掛かりしたとき、オトリアユから逆バリが切れて外れる

野アユが掛かる前に逆バリが外れてしまうと、掛けバリが沈んで根掛かりしやすくなる。

掛けバリとオトリが離れてしまうので野アユも当然掛かりにくい

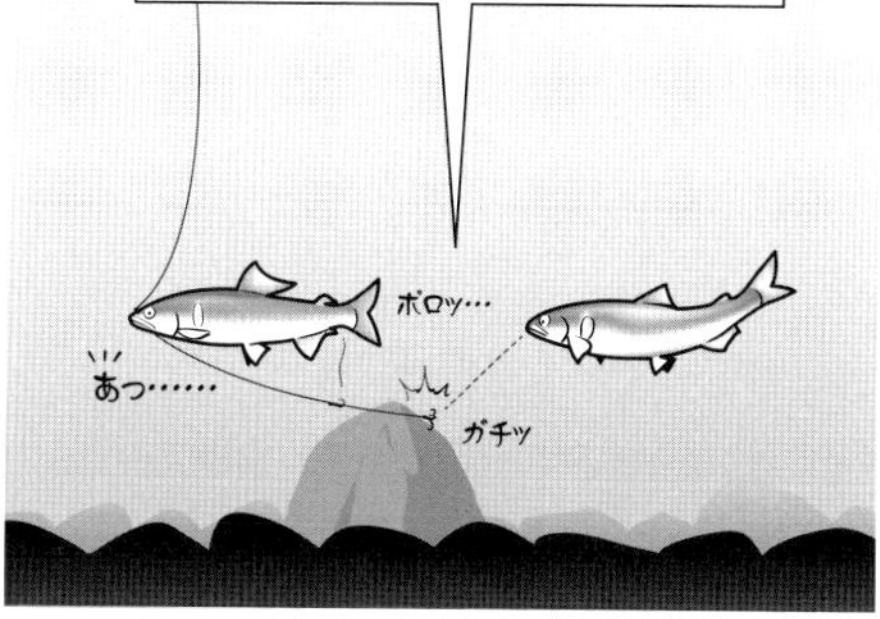

釣れたときに仕掛けを持ち上げるとこんな感じになる

風が強いときの対処法は

▼

短ザオに替える・風に助けてもらう

強風時には9mのサオを6～8mに替えることで、振り調子や操作性が取り戻せます。

30年以上前、「人間とアユの距離が遠いほどアユが掛かる」という理論が横行して11～13mのサオが登場しました。それがいつしか消え、9mザオが標準規格化していきます。長すぎると取り回しが難しくなり、強風下では釣りにならなかったのです。

さらに、数年前からは6～8mの短ザオが各メーカーから市販され、注目されています。カーボンでは視野に入らなかった長さです。

短ザオ再評価の理由は、オトリ操作の緻密さが求められた結果です。魚がスレたり、釣り場が悪い状況になった際、短ザオで石を1つずつ上らせていくオトリ操作などで意外にも釣果が得られることが分かったのです。

私も短ザオを使うようになりましたが、サオを損傷しやすい橋の下も入釣可能で、気になっていたサオ抜けポイントを攻略できました。また、強風下における対応性の高さは特筆すべきものがありました。サオの短さが役に立ったことはあっても釣果が減ることはなく、損はないと思います。

サオの長さ以外では、「風に逆らわず助けてもらう」方法で対応します。前提として風上へ向かってサオをだすような姿勢は避けます。風力は同じでも追い風のほうが釣りやすいものです。また、俯瞰で自分を見たとき、風向きに対してイトがなびく位置へオトリアユを泳がせれば影響を受けにくくなります。上流から風が吹いていれば、風の抵抗でオバセを作り、ハナカンへ刺激を与えてオトリアユを泳がせます。

下流からの風でも、イトフケの張りを利用してオトリアユを引かせましょう。細イトを風が押す程度の張りは、オトリアユをイヤイヤさせるほどの力にはなりません。風を味方にすると、意外に風のないときよりも上手に泳がせられることがあります。

風が強いときは短いサオで対応しよう！

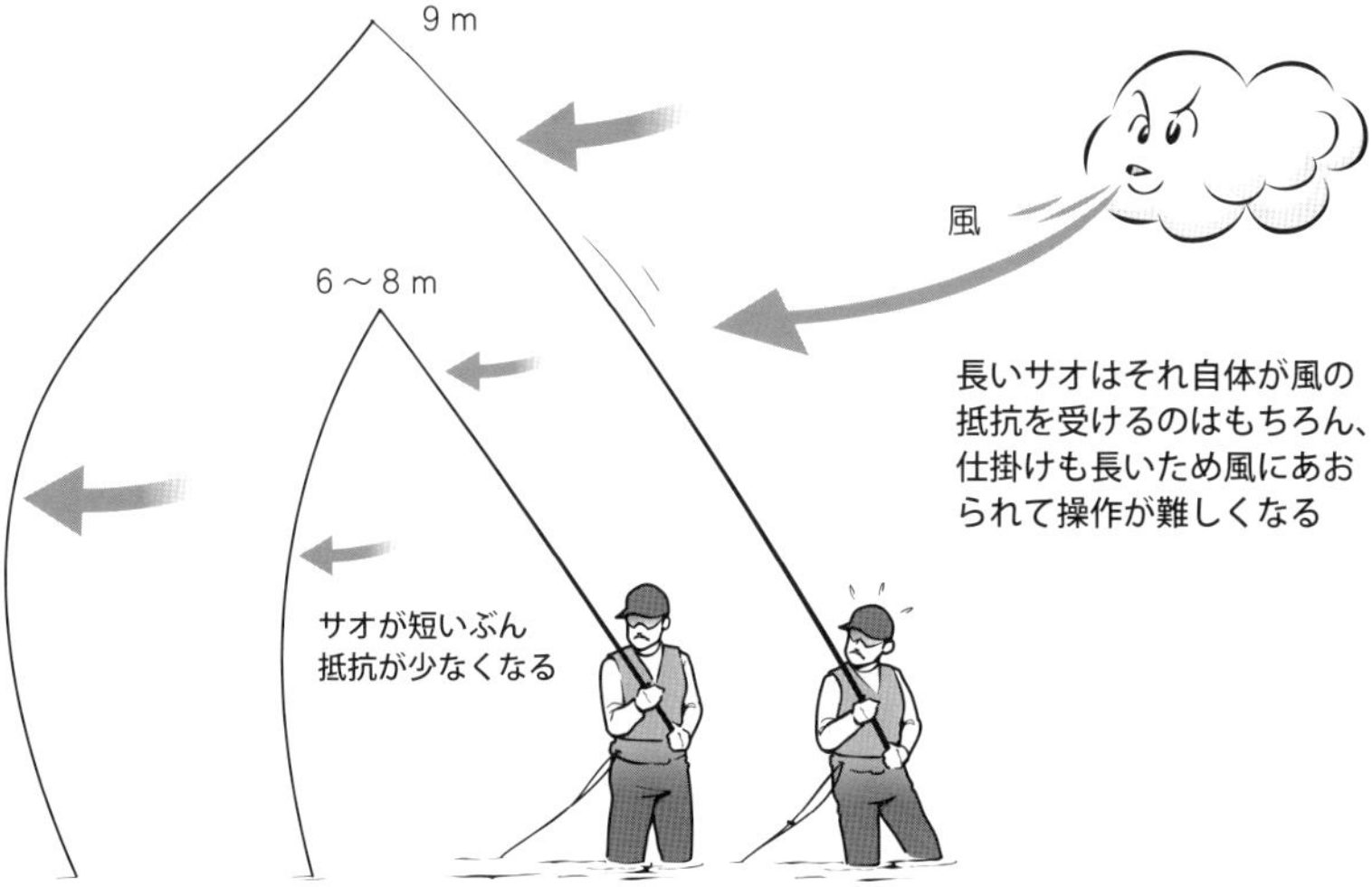
9ｍ
風
6～8ｍ
長いサオはそれ自体が風の抵抗を受けるのはもちろん、仕掛けも長いため風にあおられて操作が難しくなる
サオが短いぶん抵抗が少なくなる

風に逆らわないで、むしろ助けてもらおう！

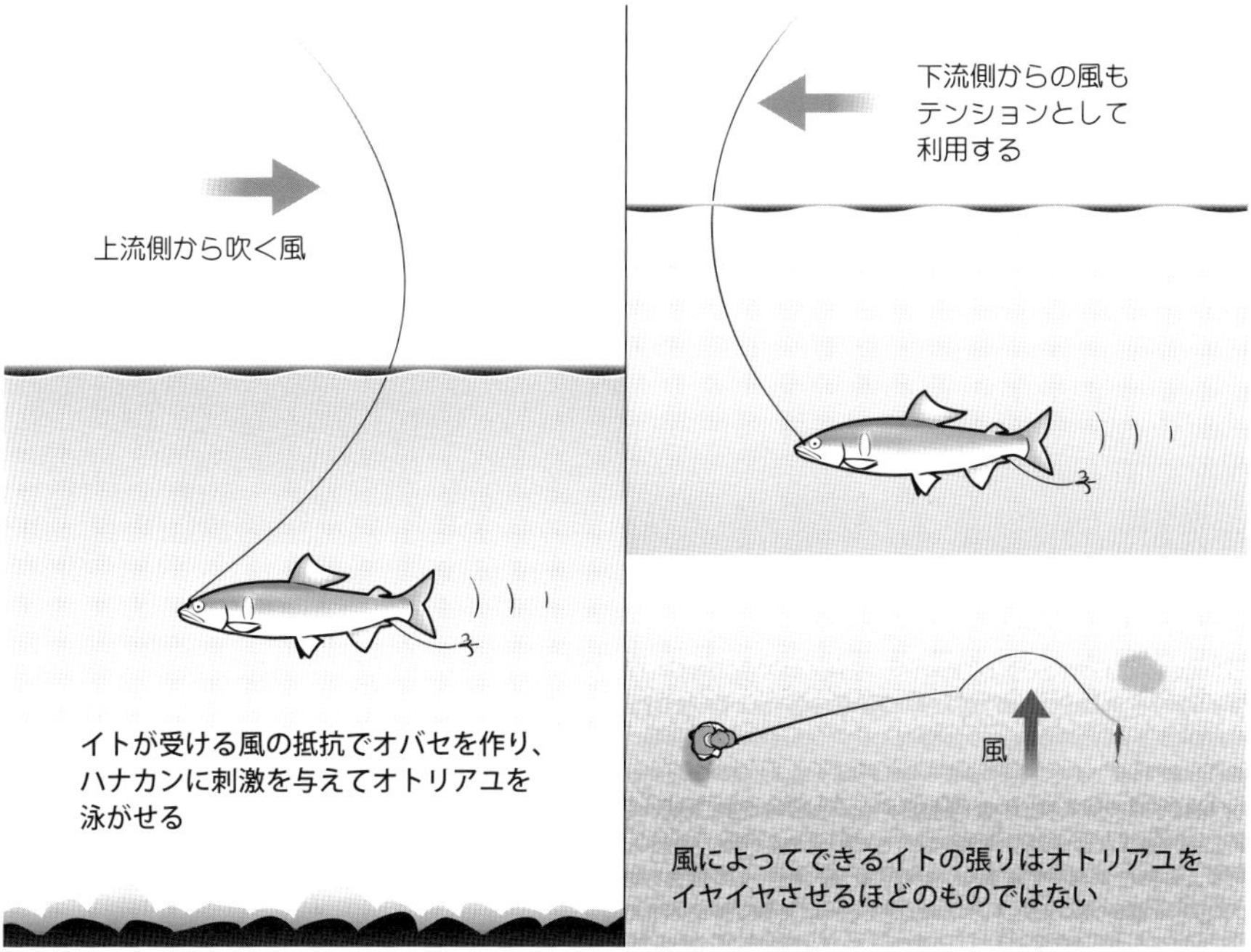
上流側から吹く風
イトが受ける風の抵抗でオバセを作り、ハナカンに刺激を与えてオトリアユを泳がせる
下流側からの風もテンションとして利用する
風
風によってできるイトの張りはオトリアユをイヤイヤさせるほどのものではない

増水・減水時の対策は?

河川のカーブを使い分ける

釣りの常識で考えてみると、増水のほうが魚の活性も高くなるわけで、よいことに捉えられる傾向があります。しかし増水も程度問題で、台風やゲリラ豪雨などで大増水した河川への釣行は論外です。

そこまで極端な場合でなくても、まだ川歩きに不慣れな初心者には、不安を覚える水量での釣りは決して勧めることはできません。自然界で楽しむ娯楽は、危険を感じたときに止める潔さが大事です。

悪天候に直結していない緩やかな増水時は、河川の形状に注視します。土手や橋から川見でカーブしている場所を捜してください。曲がった河川の流れは、内側と外側で流れが違うことに気づくでしょう。

増水時は外側の流れがより一層強くなりますが、内側は多少なりとも流れが緩やかで浅場になっており、ここをねらいます。浅い水深ほど日照環境がよいので藻類の光合成が促進され、流れが緩やかなためアカも飛びにくく、残りアカも期待できます。

減水時は、この逆です。カーブの外側は水通しがよい状況になっていてポイントとなります。さらに減水だからこそ、普段は深場で初心者がとてもサオを入れられなかった難所へも、このときばかりはアプローチが可能になります。とはいえ大減水の河川は、さまざまな条件から困難を極めます。その点では増水傾向のほうがやはり活性は高い傾向にあります。

また、増水に起きる濁りに関してですが、釣行可能な目安は「ヒザまで入って足先が見える」という状態です。俗にいうササニゴリです。流れが濁流で藻類を洗い流すほどだったら、その場所はあきらめてください。

大増水で白っ川になっていても、数日晴天が続けば新鮮なコケが付き状況は好転します。その間は釣り人も少なくアユも食べるコケが少なかったので大チャンスです。

水位の増減と川のカーブ活用法

●増水時＝「カーブの内側」をねらう

アユの活性→基本的に高い

注意！
アユの活性が高まるといっても「大増水」は危険。
台風の接近やゲリラ豪雨などが予想される場合は絶対に釣行を控えよう

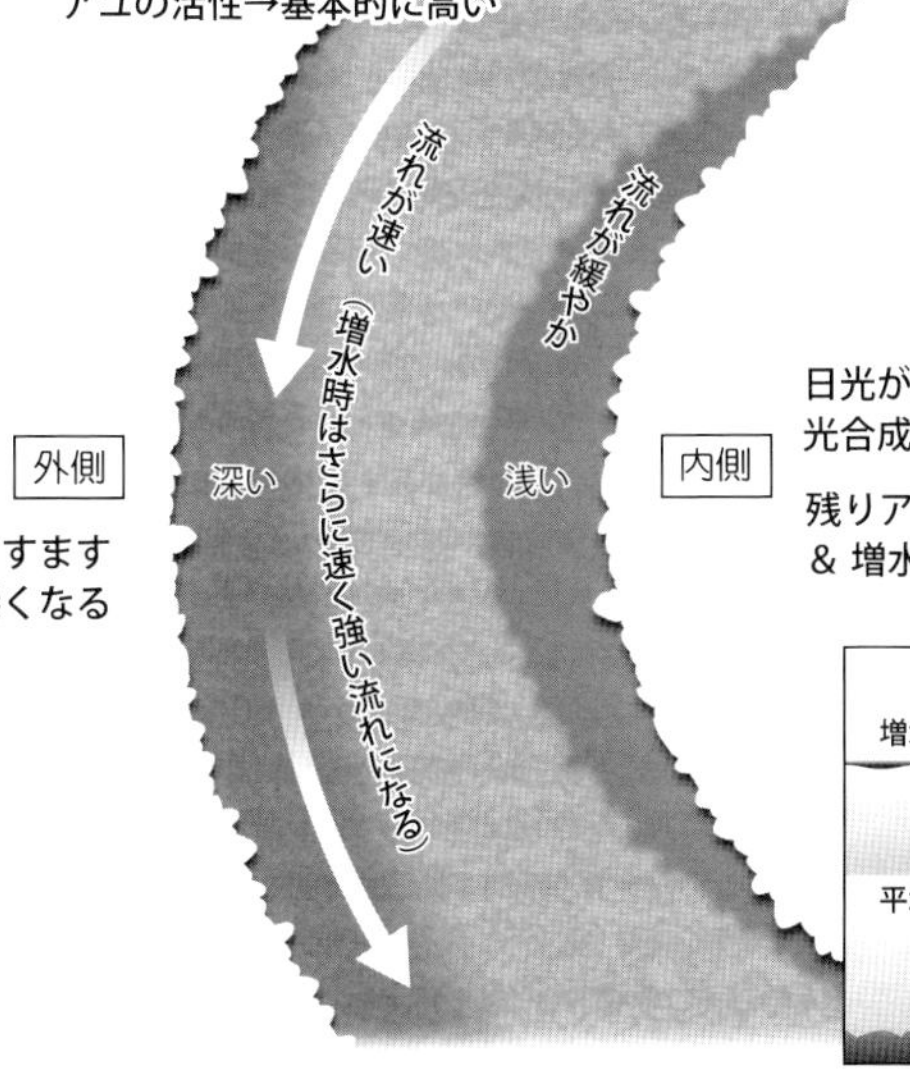
外側
流れが速い（増水時はさらに速く強い流れになる）
深い
流れが緩やか
浅い
内側

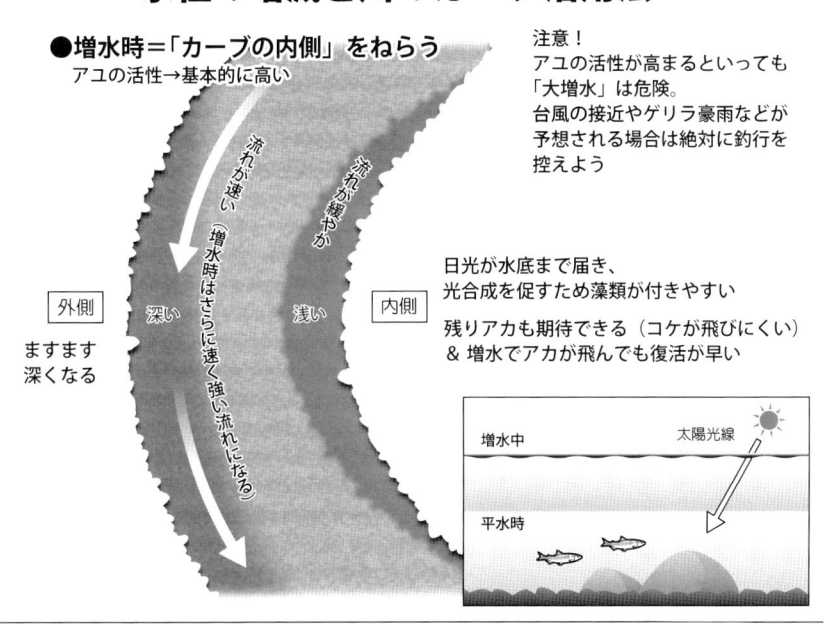

ますます深くなる

日光が水底まで届き、光合成を促すため藻類が付きやすい

残りアカも期待できる（コケが飛びにくい）& 増水でアカが飛んでも復活が早い

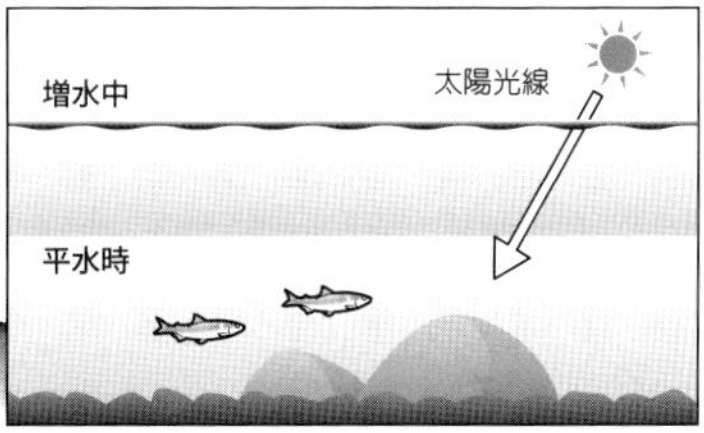
増水中
太陽光線
平水時

●減水時＝「カーブの外側」をねらう

アユの活性→基本的に低い。ただし平水時のサオ抜けポイントをねらえるチャンス

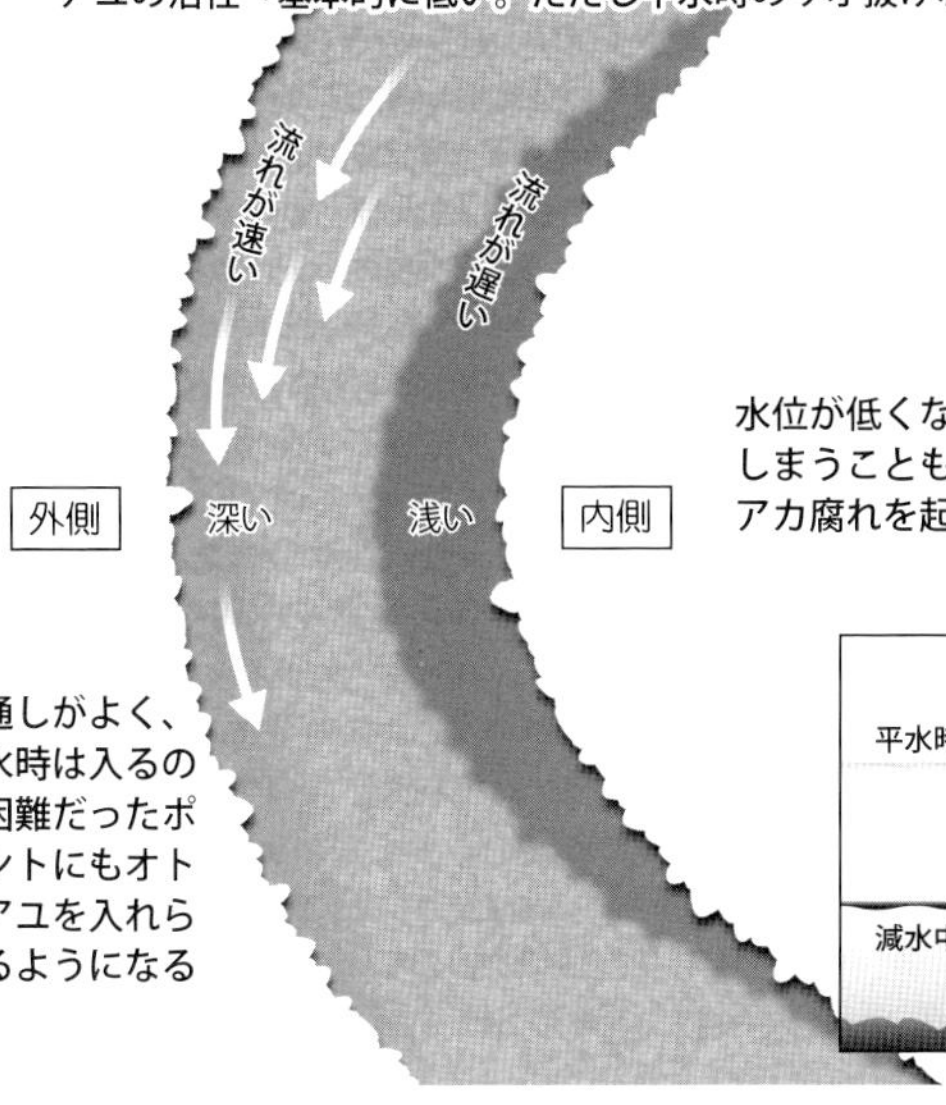
外側
流れが速い
深い
流れが遅い
浅い
内側

水位が低くなると干上がってしまうこともある
アカ腐れを起こしやすい

水通しがよく、平水時は入るのが困難だったポイントにもオトリアユを入れられるようになる

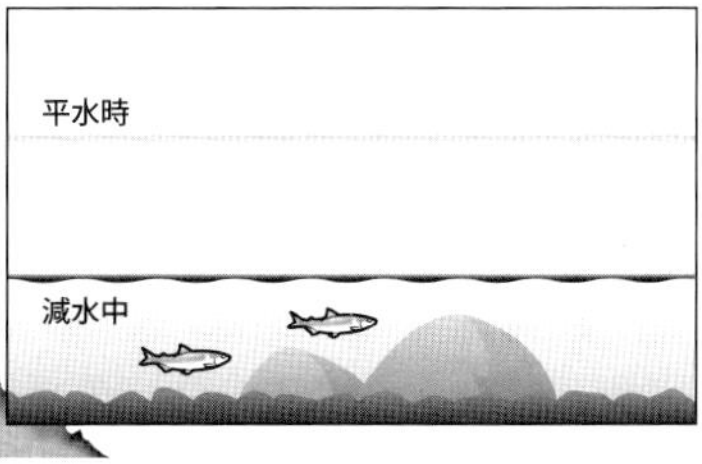
平水時
減水中

カミナリが鳴ったら？

▼

一刻も早く片付けて速やかに避難

釣り具メーカーのカタログや取り扱いの記載を読むと、サオの「使用方法に関する事項」について「釣竿は素材特性上、電気をよく伝えます」などと書かれています。

サオ自体にも注意喚起を促す感電注意のシールが貼られています。こうした告知で多くの釣り人は釣りザオが電気を通しやすいことを知っているはずです。注意事項には、電線等に接触しなくても、サオを近づけただけで感電して死亡事故の原因になる可能性が挙げられ、高圧線、線路、鉄橋などの電線にも気をつけないといけないことが分かります。

人はこのような最初から目に見える人工物は気にしますが、意外にもおろそかにしやすいのは気象です。近年のゲリラ豪雨に代表される局地的な雷雨は、判断をためらっている時間はありません。メーカーの取り扱い項目「落雷による感電」には「ただちに釣竿から離れ……」とも書かれており、縮めて手に持っていたとしても、危険性を拭えていないことがうかがえます。

雷鳴が聞こえたら、片付けて速やかに避難する以外ありません。『釣り人の「マジで死ぬかと思った」体験談』（つり人社）でも感電の恐怖体験がつづられていますし、命に関わることなので軽視しないようにご注意ください。

また、急な大雨で河川の水位が変わる場合があることも覚えておいてください。アユの釣行機会が増える季節は、梅雨前線や台風の影響で降水量が多くなる洪水期とも重なります。上流にダムがある河川は、ダムの放水で極端に流量が増え、急激に水位が上昇する場合があります。農業用、発電用、または多目的なダムは取水量の超過で適時放水が行なわれます。たとえ放水警報区間外にいても、放水の警報発令やサイレンが聞こえたら、川に立ち込まず避難してください。ちなみに川釣りの常識ですが、中州へ荷物を置き去りにするのは天候にかかわらず厳禁です。

落雷に注意！

釣りの最中にカミナリが鳴ったり遠くで空が光ったら
すぐにサオを片付けて安全な場所に避難する。
カミナリが多い地方は天気予報にも注意！

サオを仕舞ったからと
安心していては危険
そのまま河原で
ウロウロしていると……
ゴロ
ゴロ
危険
感電注意
メーカーの
カタログには
感電注意の
マークが！
落雷や雨に打たれない場所に避難する

感電注意！

高圧線、架線、電線には決して近づかない

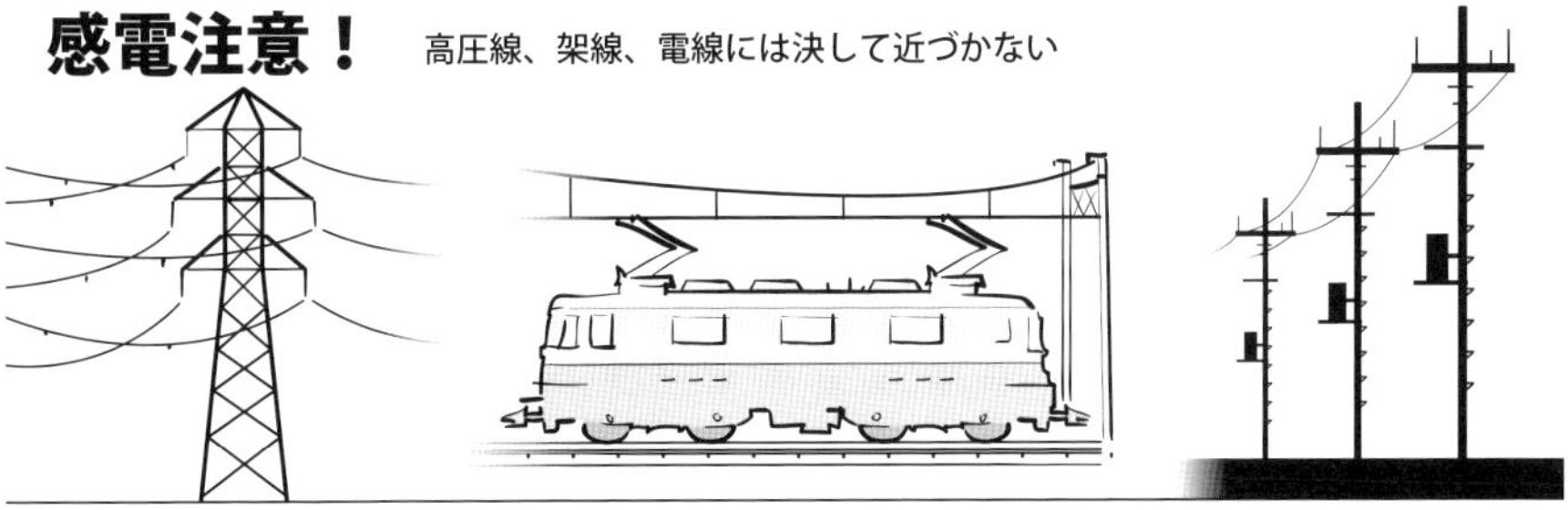

大雨の急な増水に注意！

大雨（上流で降っていると気が付かないことも）

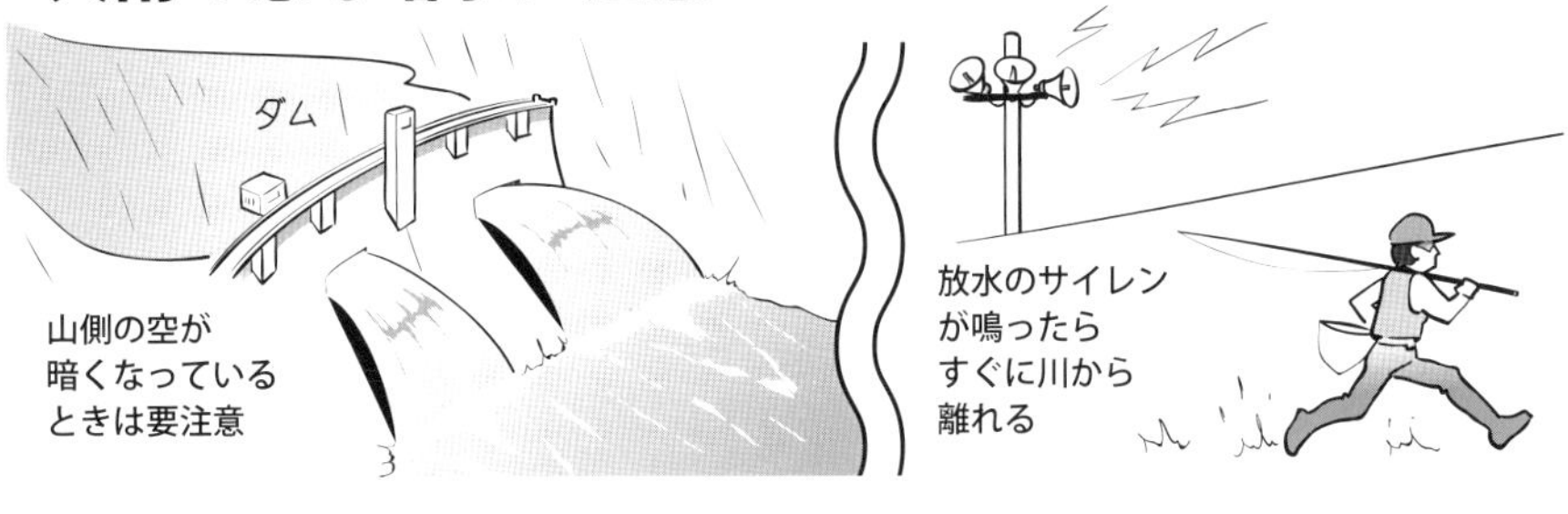
ダム
山側の空が
暗くなっている
ときは要注意
放水のサイレン
が鳴ったら
すぐに川から
離れる

タモの使い方がイマイチ分かりません

4つの機能を活用しよう

タモ＝玉網は釣った魚をすくうことが本来の役割です。ところがアユ釣りでは、ほかにもさまざまな利用法があって非常に重宝する道具なのです。

●サオ栓の紛失防止カバー

振り出し式のアユザオは元ザオの中にすべての節が収納されています。それらの節が飛び出さないようにサオ栓をするのですが、意外になくしやすいものです。仕舞うときにベストのポケットから落としたり、栓をしたままサオを片手に河原を歩いて跳ねたときなどに衝撃で飛んでしまうこともあります。そんなときのために、サオにタモをかぶせて一緒に持つとサオ栓の飛び出しや紛失を防ぐことができます。

●腰に差す位置は臨機応変

タモの腰差し位置は動作に合わせて変化します。基本は網が上向きで、武士の刀（脇差し）より少し後ろの位置です。川に入り、サオをだして前傾姿勢のときは、さらに背後へ回して妨げにならないようにします。

アユが掛かればサオ尻を腹に当てて利き手でサオを絞りながら、反対の手で背後のタモを取ります。入れ掛かりになったら、最初から脇差しの位置にして手返しを円滑にします。つまり、タモが前にある人は釣れている、後ろに回っている人はアタリを求めて集中している最中ということになります。

●引き抜き時の注意点2つ

引き抜きの際には網面を広く使うことを考えます。しっかりとタモを起こして構えれば、空中を飛んでくるアユを受けることは決して難しくありません。アユがタモ網に入る瞬間には網を後方（アユが飛んでいく方向の延長線上）へ引いて衝撃を緩和します。

●前に持ってくれば作業台に

タモを前に回し、その中に仕掛け巻きを入れて作業すると、楽なうえに仕掛けの紛失等を防げます。また、オトリ交換などアユの関わる作業に限っていえば、下側が袋状の袋ダモ（全面網目は素ダモ）も有用です。

タモの使い方いろいろ

●釣りを始める前・終えた後の移動時

サオに被せてサオ栓紛失を防ぐ

●引き抜き時

飛んでくるアユにタモの枠を向けて面積を広く使い……

アユを受けたと同時にタモを水面に下ろして付け、キャッチの衝撃を和らげてやる

●釣りの最中

腰の後ろにタモを回して邪魔にならないようにする

●オトリ交換等

タモを前に持ってきて作業する

正しい仕掛けの仕舞い方は?

▼

専用ケースで巻き取る

仕掛けを付けるとき、慣れている経験者は小脇にサオを抱えたまま、サオ先を少し出して行ないます。

ところがこのサオ先をつまんだときに、何らかの不注意や強風などで元ザオ側が振られたり、脇から滑り落とすと、サオ先をつまんでいる1点にサオの自重がすべて掛かってポキンと「折れ」の悲劇が起こります。

サオを仕舞うときも同様です。高価なサオのトラブルを防ぐためには、最初は面倒でも岸へ上がり、サオを空へ向けた状態のままで伸縮を行なうようにします。

サオの扱いに慣れてきたら、担いだまま流れの中で片付ける方法を試してみましょう（DVD参照）。川の流れを利用して行なうもので、ゴミを巻き込むことに注意すればなかなか楽チンな方法です。

仕掛けの収納には専用ケースが便利です。仕掛け巻きのスプールをセットして、ダイヤルを回すようにクルクルと回転させるとヨレを防止してきれいにイトを巻き取れます。

市販仕掛けのスプールは、同じメーカーで発売している仕掛けケースに収納できることが常識化しており、ケースに装着すると、ハナカン周りの収納から巻き取りまで購入時に近い状態で巻き取れるようになっています。大事な仕掛けですから、きちんと収納しておくことで次回釣行が快適なものになります。実際にこのケースによって仕掛けの寿命が延長するといっても過言ではありません。

また、帰宅後はサオの手入れも忘れずに。面倒かもしれませんが、これは毎回行なうことを勧めます。尻栓を外して1本ずつ抜き、外側をタオルで拭いたら「乾燥スタンド」などに立てて中の水分を飛ばします。スタンドがなければ縦長のゴミ箱に立てておいてもよいでしょう。ただし、高価なものですからくれぐれも転倒の心配がないところに置いてください。

河原の草の上にサオを置いて片付ける方法

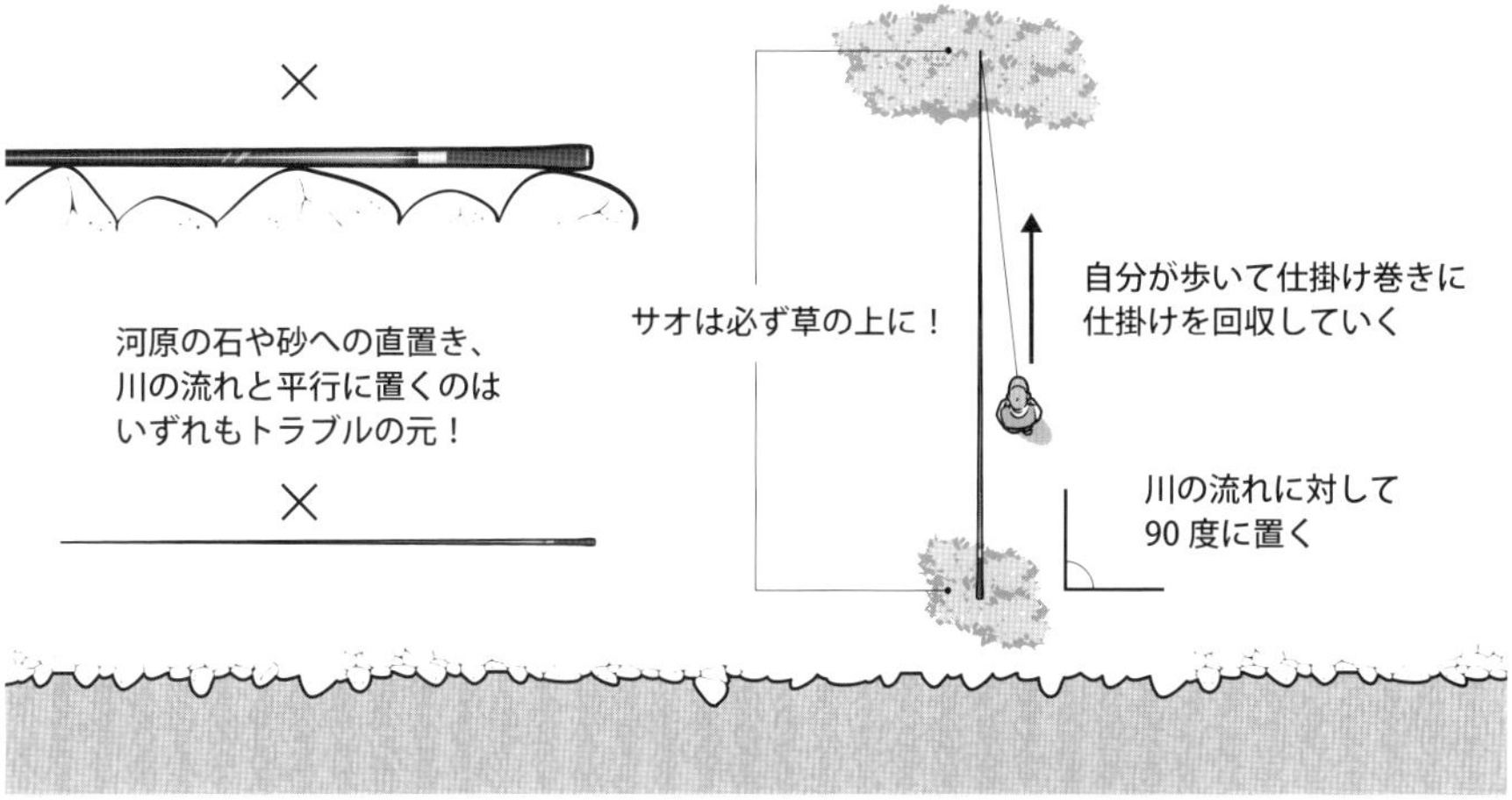
×
河原の石や砂への直置き、
川の流れと平行に置くのは
いずれもトラブルの元！
×
サオは必ず草の上に！
自分が歩いて仕掛け巻きに
仕掛けを回収していく
川の流れに対して
90 度に置く

浅い流れで行なう仕掛けの仕舞い方

①サオを担いでハリを外したら、ハナカン周りから仕掛けをある程度仕掛け巻きに収納する

②タモを前に出して仕掛け巻きを中に入れる。元ザオから順番に、ていねいに１本ずつサオを縮めていく

③イトを穂先から外す。外したイトはそのまま下流に流してやる

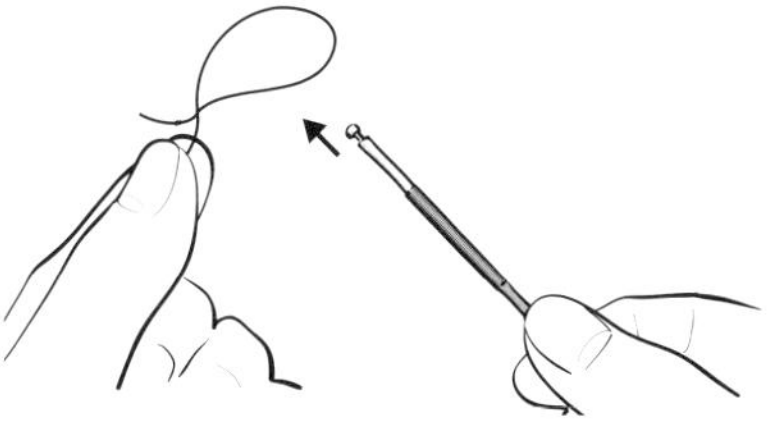

④サオは栓をして仕舞う

⑤タモから仕掛け巻きを取り出し、クルクルと巻いて下流に流した残りのイトを回収する

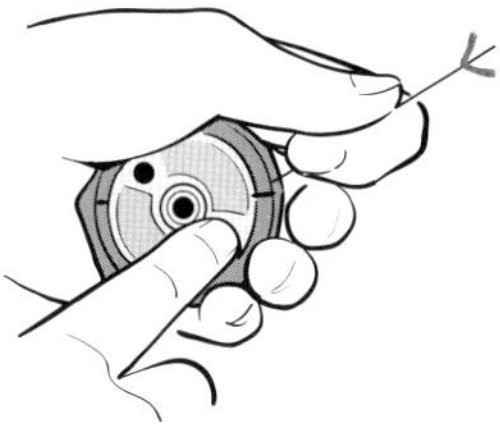

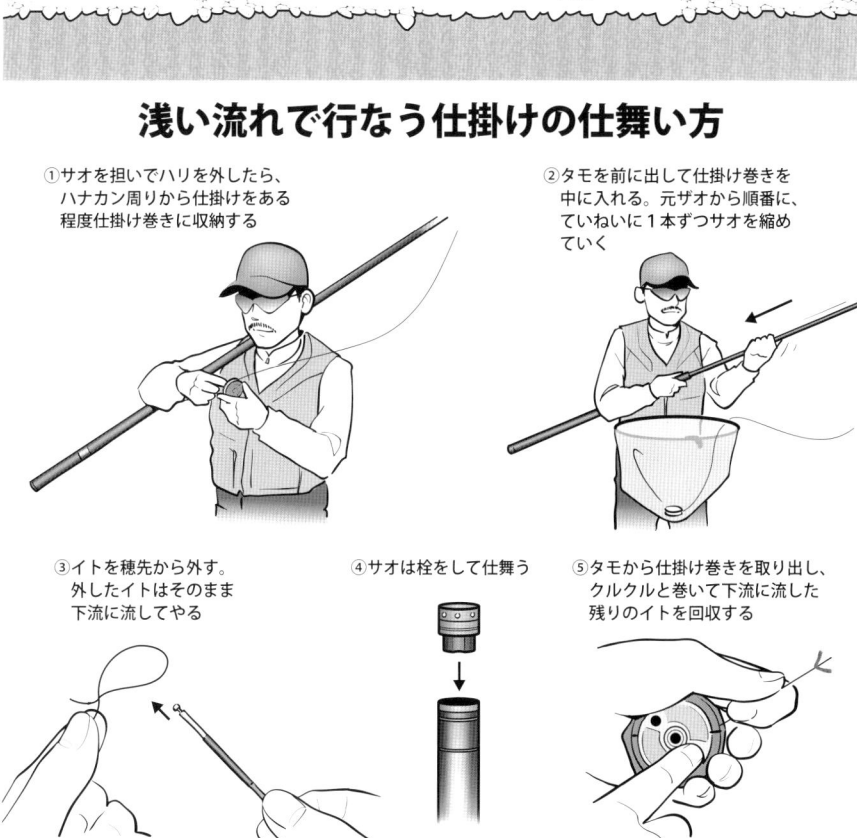

外道が掛かってしまったら？

▼

（掛かったら）どうしようもない

繊細な仕掛けを使うアユ釣りでは、外道（本命以外の魚）が掛かった場合、魚種やサイズによってはなす術もなく仕掛けのすべてを奪われてしまうこともあり得ます。外道を１００％避けることは名手でも不可能だと思いますが、習性などを知っておくと多少は役に立つでしょう。また、掛かった外道の種類でその川の特徴や自分が釣っている場所の状況を推察することも可能です。

●イワナ　国内淡水魚の中では最も上流域まで生息する。産卵期は秋。名前のとおり岩のそばなどの比較的緩やかな流れを好む。大型になるとオトリアユに襲いかかることもある。

●ヤマメ・アマゴ　代表的な渓流魚。産卵期は秋。イワナよりも流れの芯に付きやすい。

●サクラマス　ヤマメの降海型。最大で60㎝以上になるため水深のある場所にいることが多い。産卵期は秋。

●サツキマス　アマゴの降海型。最大で40㎝以上になり、水深のある瀬や淵にいることが多い。産卵期は秋～冬。

●ハヤ（ウグイ）　渓流～中下流域まで幅広く生息する。やや緩い流れや淵を好む。産卵期は3月中旬～6月中旬。

●ニゴイ　砂礫底や泥底で緩やかなトロ場や淵を好む。産卵期は4～7月。コイ科だが魚食性がある。サイ、サイゾウとも呼ぶ。

●ヤマベ（オイカワ）　中下流部に生息。平瀬や淵を好み、春～秋は玉石底の浅瀬にいて、冬は緩流帯の深瀬やトロ場へ落ちる。アユが遡上する時期になると、河川中央部をアユに奪われ川岸寄りへ移動する。産卵期は5月下旬～8月下旬。

●コイ　河川では中～下流域のやや流れの緩い場所を好む。産卵期は4～6月、水生植物の水面に近いところに産着する。雑食性でアユを襲って食べるようなことはないが、掛かると大変。

　そのほか、岐阜県長良川では、オオサンショウウオを掛けてしまったという話も聞いたことがあります。

アユ釣りの「外道オールスターズ?!」

魚種によっては掛かると仕掛けがもたないことも……

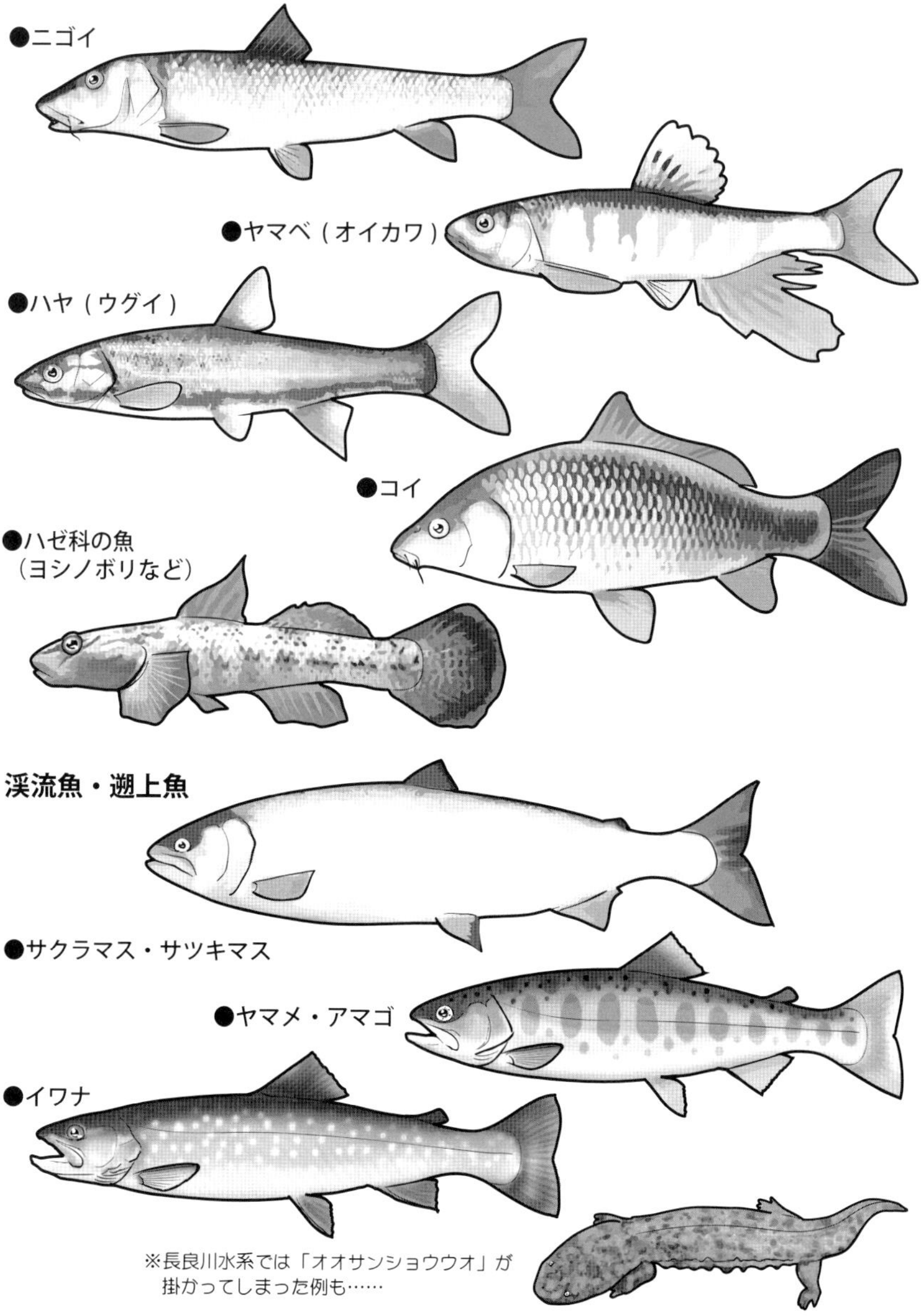
●ニゴイ
●ヤマベ（オイカワ）
●ハヤ（ウグイ）
●コイ
●ハゼ科の魚
（ヨシノボリなど）
渓流魚・遡上魚
●サクラマス・サツキマス
●ヤマメ・アマゴ
●イワナ
※長良川水系では「オオサンショウウオ」が
掛かってしまった例も……

仕掛けの寿命はどのくらい?

▼

ていねいに使えば1シーズン

本書では市販の「完全仕掛け」でアユを釣ることを取り上げてきました。したがってここでも完全仕掛けの寿命ということで考えてみましょう。

完全仕掛けには、カタログや製品パッケージに名手の推薦が記載されているものもあります。名手が太鼓判を押しているのですからクオリティーの高さはいうまでもなく、普段の釣りはもちろん、大勢の参加者が技術を競い合う釣り大会でも使用する人が普通になってきています。

高性能の規格品ということは、耐久性の面でも当然心配なく使えることを意味しています。サンデーアングラーの初心者なら、よほど釣り場の近くにお住まいの方は別にして、ひと月に2～3回釣行できれば万々歳でしょう。そして1回あたりの釣果もそれほどではなく、1日で何十尾も掛けるような酷使はしないでしょうから（もしもそうなれば最高ですが）、大きなトラブルがなければかなり仕掛けは長持ちするはずです。片付ける際に毎回専用の仕掛け巻きを使い、水中イトをねじったりせずていねいに巻き取れば、1シーズンもってしまうかもしれません。

ところで、完全仕掛けには、本書で勧めた複合メタル以外にもナイロンやフロロカーボン、単線メタルなどの異なるイト素材の製品があります。経験者が読んだら「初心者には最初はナイロンがよいのでは?」と思う方がいらっしゃるかもしれません。

しかし、初心者はどうしても仕掛けの扱いが不慣れで雑になりがちなものです。複合メタルは継続使用による強度低下の心配が少なく、水切れのよさや感度、扱いやすさといった諸要素をトータルで見たとき、初心者にもっとも適した素材だと思います。複合メタルの完全仕掛けでアユ釣りを始めていただく——これが私の「決め付け」の理由の1つです。そして、読者の方が相当に上達するまでこの仕掛けは応えてくれるはずです。

サオが傷つく原因&サオが折れたら

▼

製造メーカーへ相談

カーボンロッドの軽量化と高感度によって、アユ釣りは大変な進化を遂げてきました。

この軽量化に伴い、チューブ形状に成型された最新のカーボン素材は、想像を超えるほど肉薄になっています。尻栓を抜いて逆側からサオを見ると「こんなに薄いの!」と驚かれると思います。3章などでサオの扱いをやかましくいってきた理由はまさにこのことで、サオを河原で角のある石へぶつけたりするのが禁物なのはもちろん、石の河原やコンクリート地面などの上でパタリと倒してしまうだけでも、大きなダメージを与えてしまうことがあります。

地面への直置きは厳禁で、砂塵が付着したまま伸縮させたりすることも避けたいと考えています。

では、釣りの最中はどうかというと、これほどまでにデリケートなアユザオですが、正しく扱っている限りは相当に強いこともまた事実です。臆することなく堂々と使ってアユ釣りを楽しんでください。アユザオの製造技術は、数ある釣りジャンルの中でも断トツの高さを誇るものです。

ただし、アユ釣り本来の働きには抜群の強さを発揮する構造設計ですが、想定していない力にはもろいという反面があります。最も多いのは急な力や衝撃を加えてしまうことです。

経験者の方はしないと思いますが、根掛かりを外そうとしてサオをついあおったり引っ張ってしまうと、瞬間的に強い力が一点に掛かって折れてしまう可能性があります。また、足もとの根掛かりを外そうと夢中になっているうちに穂先が鋭角に曲がってしまうと折れのトラブルにつながります。

「折れ」「割れ」「欠け」「剥離」のトラブルを起こしてしまったら、余計なことをせずにメーカーへ修理に出すのが一番です。応急処置をしたばかりに高くついたり、最悪の場合は修理が受けられなくなる恐れもあります。

釣り場のマナーを教えてください

すべては「あいさつ」から

釣り場でのマナーはほかの釣り人とのコミュニケーション、まず「あいさつ」から始まります。

私などは自著『アユ釣りがある日突然上手くなる』（つり人社）P64で「人の通ったあとを釣れ」と、渡りっぱのサオ抜けを提唱しているくらいですから、川を横切る釣り人がいても、離れた場所を歩くなら上流でも下流でもあまり気になりません。

とはいえ、こちらが渡るのであれば、行動の前にあいさつを交わすようにしています。

「すみません、こっちを渡ってもいいですか」

「ここへ入ってもいいですか」

ひと声相手にそう話しかけるだけで問題を未然に回避できるものです。釣り場で近くにほかの人がいて、自分の行動に迷ったときは迷わずコミュニケーションを取るようにしましょう。

アユ釣りでは、いえ、すべての釣りにおいていえることですが、「社交性も腕のうち」なのです。

この社交性をより積極的に発揮して、上手な人の釣りを見学したり、話しかけて釣友になることも、上達へのまたとない近道になります。

アユ釣りではタバコの貸し借りのように、オトリをなくして困っている人や親しくなった人に、釣り人が野アユを借してあげることはよくあります。こうしたきっかけで上手な人と友だちになれたら超ラッキーです。

運よく野アユを借りられたら、釣り方も教わってしまいましょう。相手はあなたが初心者であることを見抜いているはずですから、質問してくるのを待っているかもしれませんよ。だいたい、釣り人というのは総じて「教えたがり」が多いものです。

ただし、釣友からオトリアユを借りたときは、お礼の気持ちを込めて1尾借りたら2尾で返すといった「倍返し」のマナーがあるということを覚えておきましょう。

流れの前後に誰もいない状態と、解禁日で川がごった返しているようす。実はどちらも伊豆・狩野川の釣り場風景。釣り場に人が多いときほどあいさつは欠かせない

釣り場の友だちはいろんな意味で得がたい存在。アユ釣りは「友」釣りだ（笑）

5章おさらい&復習

早見できる「ひと言」集

●オトリアユがすぐにへばってしまう

引っ張りすぎはNGです。

●オトリが足元から泳ぎ出してくれない・手前で止まる

「暖気運転」&「慣らし運転」で対応。

●エビが多発する

仕掛けがたるんでしまっています。

●チャラ瀬でよく根掛かりしてしまう

オトリアユの尾ビレの振りが弱い。元気なオトリに交換します。

●「オトリが泳ぐ感覚」が分からない
上手く泳いでいるか心配

イトをほんの少し張って、オトリが反応するかようすをみてください。

●オトリがイヤイヤをするのはなぜ?

オトリアユが弱っていませんか。

●引き抜きが上手くできない

サオをゆっくり突き上げるようにして、タモの面を飛んでくるアユの方向に向けて受けます。

●名手のように強い瀬をカッコよく釣りたいのですが

初心者に背バリやオモリは勧めません。強い瀬は上達したときのためにとっておきましょう。

●オトリ付け替えなどのとき、サオをかついで両手をうまく使えない

サオ尻付近を肘でしっかりと固定します。

●引き舟やオトリ缶のアユがいつの間にかヨレヨレに

少しでも冷たい底流れに強制的に沈めます。

●タモの外でオトリにハナカンを通すのが怖い

最初はタモの中でも大丈夫。ハリス周りを手の平で包めば網に掛かる心配もありません。

●腹掛かりや頭、目に掛かるのを避けるには

掛けバリのハリス(長さ)を調整します。

●逆バリがすぐ外れてしまう・逆に外れない

正しい位置に、しっかりと打ちます。

●風が強いときの対処法は

短いサオに替えるか、風に逆らわずイトフケの張力をオトリ操作に利用しましょう。

●増水・減水時の対策は?

川のカーブに注目。増水・減水に応じて内側・外側をねらいます。

●カミナリが鳴ったら?

一刻も早く道具を片付けて安全な場所へ避難します。

●タモの使い方がイマイチ分かりません

サオ栓の紛失防止、腰に差す位置は臨機応変、引き抜き時は網面を広く使う、ときには作業台にもなります。

●正しい仕掛けの仕舞い方は?

専用ケースで巻き取るのが一番です。

●外道が掛かってしまったら?

掛かるとどうしようもないので、なるべく掛けてしまわないように……。

●仕掛けの寿命はどのくらい?

トラブルなしで常に適切に片付けていれば1シーズンもつかもしれません。

●サオが傷つく原因&サオが折れたら

サオは肉薄なのでデリケートです。下手な応急処置は禁物、速やかに製造メーカーへ。

●釣り場のマナーを教えてください

すべてはあいさつのコミュニケーションから始まります。「社交性も腕のうち」で、上達への近道です。

6 章

役に立つ知識編

スポーツの一流選手はフォームが美しい。また、特定の「仕草」で知られる選手も多い。アユ釣りも同じで、名手と称された人たちはそれぞれ独特の動作を繰り返していることがある。そこで、マスターしたらちょっと粋なベテラン名手たちの仕草を紹介しよう。

タモ払い

万が一のキャッチミスを気合とともに防ぐ

腰まで立ち込んでの引き抜き時、ベルトから抜いたタモを鋭く後方に払う。目の細かな網についた水気を切ることで網がたれるのを防ぐのと、水滴がタモの柄を伝って腕に流れ込むのを防止するため。第１回鮎マスターズで痛恨のキャッチミスをした村田満さんは、のちの大会からこのタモ払いを習慣とするようになりました。

座り抜き

浅場で自分の影を水面に映さない

「チャラ瀬の帝王」と称された室田正さんの妙技。静かに釣ることが数を伸ばすコツでもあるチャラ瀬で、細心の注意を払った結果がこの姿勢を生み出しました。この座り抜き、簡単なようでいて、やってみると案外難しい。キャッチをミスるとかなり目立つので、くれぐれもご注意を。

アユザオ両足挟み
トラブルなくスムーズにサオが仕舞える

サオはふつう脇の下に挟んで１本ずつ仕舞っていきますが、片山毅さんは両足でサオをピタリと挟み込み、真上から落とし込むようにして仕舞います。こうすると力が少なくてすみ、継ぎ目が固くなっていても力任せで「ポキッ」というトラブルを回避できます。足で挟んでいるので両手を自由に使えるメリットもあります。

タモ水平差し
腰の脇にタモを差すその理由とは

鮎マスターズの競技委員長を務められた「父っつぁま」こと故永井茂さんは、現代泳がせ釣りの開祖として多くの友釣りマンに慕われた方です。タモを腰に水平に差すこのポーズは、伝統的な吊るし込みから編み出されたもの。この位置と角度なら、タモに触れずに吊るし抜けます。そのうえ浅場でならこの位置から引き抜いても便利です。

拝み一竿流

サオ・イト・釣り人が同方向に動くと自然にサオが立つ

「理論と努力の人」本間正俊さんの真骨頂は、イトとサオと身体の３点が常に直線で結ばれるということです。これをトロ場の泳がせ釣りで実行するとオトリアユがよく泳ぎ、掛かるチャンスも高まります。オトリアユの泳ぐ方向にサオが動き、身体全体がそれを追う。すると横に寝かせていたサオは自然に立ち、拝むように持つことになるというわけです。

タモ網作業場

立ち込んだときの仕掛けのセットがスムーズで早い

掛けたアユを取り込むタモは、小倉吉弘さんにとって「川の中の作業場」でもあります。トロ場から瀬にねらいを変えて仕掛けを大きく交換する際、小倉さんは必要なものをすべてタモに入れ、順番にセットしていきます。いちいちベストのポケットから出しては入れを繰り返すよりも、タモを利用することで時間短縮が図られます。

キョロキョロポーズ
野アユを常に観察しながらオトリを送り込む場所を探る

東京・秋川では「見釣り」といって、昔からトロ場の群れアユから追い気のある野アユを捜し、オトリを近づけていく独特の釣り方があります。物心ついたときから秋川でアユ釣りをしてきて見釣りを極めた小峰和美さんは、ロックオンした野アユにオトリを向かわせるともう次の１尾を捜しています。そしてヤル気のあるアユを見つけてしまうのです。

水中メガネ
想像するのと実際に見るのとの大きな違い

『友釣り強化書』（つり人社）で一世を風靡した鈴子陽一さんのマストアイテムは、水中メガネでした。釣りなのに潜るの？　そのとおりです。石の配置や大小、付くコケが重要なアユ釣りでは、水中をイメージするのと実際に観察するのとでは、情報把握の正確度に大きな差が出ます。「野アユがいなかった」ことまでわかったりすることもありますが……。

アユ釣り用語集

●あ行

【アカ】珪藻、藍藻などアユが摂餌する藻類のこと。コケともいう。

【アカ腐れ】高水温や減水によって藻類が腐敗した状態。

【朝瀬・昼トロ・夕のぼり】時間帯でポイントが移り変わることを差したアユ釣りの言い習わし。「朝は瀬、昼はトロ場、夕方は淵にいたアユが瀬へ上ってくる」という意味。

【荒瀬】水面が特に激しく波打っている瀬。底石が大きく水深があり流れの強いところで多く見られる。ガンガン瀬ともいう。

【イカリバリ】船のイカリを思わせる組み方をしたハリで、掛けバリとしては一般的。3本と4本がある。

【石裏】河川に沈んでいる大きめの石の下流側。流れが緩い。

【イヤイヤ】オトリアユが引っ張られるのを嫌って川底へ張り付いたり、浮いて左右に頭を振り、まともに泳がなくなること。

【右岸（うがん）】河川の上流から見て右が右岸、左を左岸という。

【浮き石】水中の底石のなかで不安定なもの。増水で流されて移動したり、釣り人が乗ると動いてしまう石。

【馬の背】ウマの背中のように盛り上がっている水底の状態。傾斜のカケアガリ部が釣りのポイントになる。

【越年アユ（えつねんあゆ）】年魚でありながら、年を越したアユ。早期に見かける大アユを差す。トオスとも呼ぶ。

【エビ】水中イトや中ハリスへ掛けバリが掛かってオトリアユがエビ反りになり、動きが阻害されること。

【追い】野アユがエサ場に侵入してきたほかのアユを追い払おうと攻撃するようす。ナワバリを守る行為。

【追い星】アユの胸ビレ付近の黄色い斑紋。

【送り出し】仕掛けを付けたオトリアユを流れに放して泳がせ始めること。

【オトリ缶】オトリ店で購入したオトリアユを河川に運んだり、釣りあげたアユを保管しておくための容器。

【オバセ】イトフケ。流れの抵抗で仕掛けが下流側にふくれて張られている状態。「オバセを出す」というのはイトフケを出すこと。

【尾ビレ】「尻尾（しっぽ）」「尾っぽ」とも呼ぶ。尻ビレと混同しないように注意。

【親子ドンブリ】オトリアユを親、または親アユとも呼ぶことから、掛けた野アユとオトリアユの両方を逃がしてしまうこと。

【泳がせ釣り】水中イトを張らず緩めずの状態に保ち、オトリアユに適度な刺激を与えてコントロールしながら釣る方法。近代アユ釣りはこの泳がせ釣りから始まった。

●か行

【カガミ】川面に波がなく、鏡面状態になっている静かな流れ。トロ場でよく見られる。

【上ザオ（かみざお）】サオ先が上流を向いていること。

【川相（かわそう）】水量や地形からうかがえる流れのようす、形態。川相を確認することを「川見（かわみ）」という。

【ガンガン瀬】特に強い荒瀬のこと。

【緩流帯】河川の流れが緩やかになっている箇所。

【キンク】金属イトが折れ曲がった状態。

【金属・金属イト】金属製の水中イトの総称。単線、細い金属を編んだもの、繊維に金属を撚りつけたものなどがある。繊維と金属を合わせたものは複合ライン、複合メタルと呼ぶ。

【減水】平水位よりも水位が低いこと。渇水。水位が高いときは増水という。

【コケ】→**【アカ】**の項を参照。

【コロガシ】オモリと複数の掛けバリが付いた仕掛けで、オモリを転がすように水中を通してアユを掛ける釣法。

●さ行

【サオ抜け】釣り人にしばらく釣られていない箇所。さまざまな要素でサオ抜けは生じる。

【逆バリ（さかばり、ぎゃくばり）】掛けバリをオトリアユに固定するため、尻ビレ周辺に打つ金具。

【左岸】→**【右岸】**の項を参照。

【サビ】アユの婚姻色。肌がざらつき、だいだい色を帯びた体色へ変化する。

【締める】釣ったアユを持ち帰る際に鮮度のよい状態を保つための処理。アユは氷締めにするのがよく、活きたままの状態で氷水へ浸けて水を飲ませ、内臓まで一気に冷やす。そのため、氷を入れてクーラーへ保存することを「締める」といい、血抜きの意味ではない。

【下ザオ（しもざお）】サオ先を下流へ向けること。

【白っ川（しらっかわ）】台風などの増水で底石の藻類が洗われ、飛んでしまった状態。川が白っぽく見えるようすからの呼称。

【尻ビレ】下腹部にあるヒレで、その近くに逆バリを打つ。尾ビレと混同しないこと。

【人工】アユ釣りでは人工産アユの略。稚魚または成魚になるまで養殖池で飼育されてから放流されたアユ。

【神経】神経は野アユの急所で、掛けバリが当たると即死状態になる。用例＝「神経に当たったのか動かないよ」

【水中イト】仕掛けで水に入ることが前提の部分。サオ先に近い部分は天井イトという。

【素ダモ（すだも）】一般的なタモ網。網の底部が布袋になっている袋ダモと区別するときに使用する呼び方。

【瀬】水面が波立っている流れ。釣り人の間では流速や水深、底石の状態に応じてさまざまな呼称に細分化されている。

【瀬落ち（せおち）】瀬が淵（トロ場）へ落ちるところ。瀬尻。

【瀬頭（せがしら）】瀬肩に続いて流れが本格的に変化してくるところ。

【背掛かり】野アユの背中に掛けバリが刺さること。ダメージが少なく、オトリアユとして使うのに最適。

【瀬肩（せがた）】淵から瀬に変わる流れ。

【瀬尻（せじり）】→**【瀬落ち】**の項を参照。

【背バリ】アユの背中に打つハリ形状の金具。オトリアユを沈める小道具。

【瀬脇（せわき）】流心などの強い流れの両脇にできる緩やかな部分。

【増水】→**【減水】**の項を参照。

【底石】川底にある石。

●た行

【立ち込み・立ち込む】河川の流れに入ってサオをだすこと。

【立てザオ】サオ先を上空に向かって構え、オトリアユを操作すること。

【ダンゴ】仕掛けのトラブルで、オトリアユと掛けた野アユが絡まっている状態。

【チャラ瀬】瀬の表現でチャラチャラと流れるような浅場を差す。特に程度が激しい場合は「ドチャラ」とも。

【チラシ】掛けバリの種類。ヤナギ。ハリスに2～3本のハリを分散して結んだもの。

【手尻】サオ尻～ハナカンまでの長さ。バカともいう。手尻を長くすることを「手尻（バカ）を出す」という。

【出食み（ではみ）】淵にいたアユが瀬に上がってくること。夕方に多い。

【天井イト】穂先につなぐ仕掛けのイト部分。

【天然アユ】河川で孵化し、海に下って春に遡上してきた天然のアユ。

【トオス】→【越年アユ】の項を参照。

【土用隠れ（どようがくれ）】渇水、高水温、アカ腐れなどによって釣況が悪いこと。立秋前、夏の土用頃にアユが隠れてしまったかのような不調に陥りやすいことからそう呼ばれている。

【トロ】淵。水深がある緩やかな流れ。トロトロと流れるようすから。

●な行

【ナワバリ】野アユがエサ場の確保のため、ほかのアユを寄せつけないように攻撃を仕掛けて守っている場所。

【野アユ】野生のアユ。オトリアユに対して、釣りあげたアユを差す。

【残りアカ】増水で底石が洗われてしまった状態で、ヘチや大石などに残されているわずかな藻類。

●は行

【バカ】→【手尻】の項を参照。

【ハナカン】オトリアユのハナに通すための金具。

【ハナカン周り】仕掛けのなかでハナカン、中ハリス、逆バリの部分を差す。

【ハミ跡】アユが藻類を食んだとき、底石などに残った線状の痕跡。

【食む（はむ）】野アユがコケを食べること。

【張らず緩めず】アユ釣りで仕掛けの理想となる張り具合（テンション）を示す言葉。張りすぎるとオトリアユが弱り、緩めすぎると水中イトがたるんでトラブルの元になる。

【引き釣り】友釣り釣技の一種。瀬を釣るのに適した方法。

【引き抜き】アユを空中に飛ばしてタモで受ける取り込み方法。

【引き舟】アユを活かして入れておく、舟型の容器。フネともいう。

【複合ライン・複合メタル】→【金属・金属イト】の項を参照。

【袋ダモ】底網部分が袋構造のタモ。

【フネ】引き舟のこと。

【ベタザオ】サオを水面に対して平行に近く寝かせた状態。

【ヘチ】岸に近い場所。

【穂先（ほさき）】サオの先端部分。

【穂持ち（ほもち）】サオの穂先に続く部分。2番ともいう。

●ま行

【身切れ（みぎれ）】掛けバリがアユの身を切ってバレること。

【群れアユ（むれあゆ）】ナワバリを持たずに群泳するアユ。

【メタル・メタルライン】→【金属・金属イト】の項を参照。

●や行

【ヤナギ】→チラシの項を参照。

【ヨレ】①底石などに当たって流れがヨレるように変化しているところ。②仕掛けのイトが縮れたり、軽くキンクした状態。

【流心（りゅうしん）】流れが最も強い、または速いところ。流れの中心部分。

●ら行

【冷水病】サケ、マス、アユなどに発症する致死性の細菌感染症。発生水温が12～26℃。発症したアユは体表の白濁、エラブタ下部の出血、体表の潰瘍等の穴あき、貧血の症状などを発症して死に至る。冷水病のアユが日本全国の河川に放流され続けたためアユ釣りはかなり衰退した。しかし、近年は冷水病アユの放流が激減してアユ河川の復活が見られる。

●わ行

【渡りっぱ】釣り人が河川を横切るために往来する場所。

「釣れるチカラ」の基礎が身につくDVD付録（45分）

本文の3章を中心に、4、5章の一部も含めて紙面では伝わりにくい部分を、水中映像や図解も交え映像でより分かりやすく、きめ細やかに解説。オトリの選び方から、釣り場で必須となる動作が確認できます。

DVD付録　収録コンテンツ

第1章 オトリの選び方
第２章 川での準備
第３章 仕掛けをセットする
第４章 オトリをセットする
第５章 実際の釣り
第６章 取り込み方
第７章 オトリの交換
第８章 仕掛けの片付け方

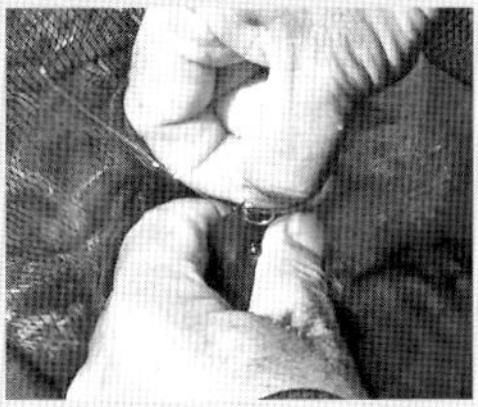

著者プロフィール

鈴木康友（すずき　やすとも）

昭和24年、東京都葛飾区生まれ。昭和46年、㈱つり人社入社。月刊『つり人』の編集に携わり、後に編集長。1986年には国内初のバスフィッシング専門誌『Basser』、1988年には同じくフライフィッシング専門誌『Fly Fisher』を創刊し、編集長を兼任。また、25年以上に及ぶ人気別冊シリーズ『鮎釣り』『鮎マスターズ』等の創刊も手がける。平成8年、代表取締役に就任。

日本釣りジャーナリスト協議会会長、公益財団法人・日本釣振興会常任理事、日本友釣会連盟常任理事、日本友釣同好会副会長、東京はぜ釣り研究会会長、一般社団法人・日本キャスティングスポーツ連盟（JCSF）代表理事。

著作に『鮎釣り烈士伝』『アユ釣りがある日突然上手くなる』（つり人社）がある。

●本書の製作にあたって、㈱シマノからタックル提供などのご協力を頂きました。

超《ちょう》親《しん》切《せつ》アユ釣《つ》り入門《にゅうもん》

2014年3月1日発行

著　者　鈴木康友
発行者　鈴木康友
発行所　株式会社つり人社

〒101-8408　東京都千代田区神田神保町1-30-13
TEL 03-3294-0781（営業部）
TEL 03-3294-0766（編集部）
振替 00110－7－70582
印刷・製本　大日本印刷株式会社

乱丁、落丁などありましたらお取り替えいたします。

ISBN978-4-86447-045-2 C2075
つり人社ホームページ　http://www.tsuribito.co.jp